CELINA BODENMÜLLER • FABIANA PRANDO

SOU LATINO--AMERICANA!

21 FEMINISTAS QUE LUTARAM POR JUSTIÇA SOCIAL, LIBERDADE POLÍTICA E IGUALDADE ECONÔMICA ENTRE HOMENS E MULHERES

ILUSTRAÇÕES
BEATRIZ ORTIZ • CRISTIANO SIQUEIRA

PANDA BOOKS

Texto © Celina Bodenmüller e Fabiana Prando
Ilustração © Beatriz Ortiz e Cristiano Siqueira

Direção editorial
Marcelo Duarte
Patth Pachas
Tatiana Fulas

Gerente editorial
Vanessa Sayuri Sawada

Assistentes editoriais
Henrique Torres
Laís Cerullo

Assistente de arte
Samantha Culceag

Projeto gráfico e diagramação
MM design

Capa
Vanessa Sayuri Sawada

Preparação
Clarisse Lyra

Revisão
Olívia Tavares
Ronald Polito

Impressão
PifferPrint

CIP-BRASIL. CATALOGAÇÃO NA PUBLICAÇÃO
SINDICATO NACIONAL DOS EDITORES DE LIVROS, RJ

B651s

Bodenmüller, Celina
Sou latino-americana!: 21 feministas que lutaram por justiça social, liberdade política e igualdade econômica entre homens e mulheres / Celina Bodenmüller, Fabiana Prando; ilustração Beatriz Ortiz, Cristiano Siqueira. - 1. ed. - São Paulo: Panda Books, 2025. il.

ISBN 978-65-5697-361-6

1. Feministas – América Latina – Biografia. I. Prando, Fabiana. II. Ortiz, Beatriz. III. Siqueira, Cristiano. IV. Título.

24-94807
CDD: 305.42092
CDU: 929:141.72

Meri Gleice Rodrigues de Souza - Bibliotecária - CRB-7/6439

2025
Todos os direitos reservados à Panda Books.
Um selo da Editora Original Ltda.
Rua Henrique Schaumann, 286, cj. 41
05413-010 – São Paulo – SP
Tel./Fax: (11) 3088-8444
edoriginal@pandabooks.com.br
www.pandabooks.com.br
Visite nosso Facebook, Instagram e Twitter.

Nenhuma parte desta publicação poderá ser reproduzida por qualquer meio ou forma sem a prévia autorização da Editora Original Ltda. A violação dos direitos autorais é crime estabelecido na Lei nº 9.610/98 e punido pelo artigo 184 do Código Penal.

EM MEMÓRIA DE MINHA MÃE, RUTH,
UMA VALENTE SALVADORA DE VIDAS.
C.B.

ÀS MULHERES DA PENITENCIÁRIA FEMININA DE
SANT'ANNA POR ME ENSINAREM, COM SUAS
HISTÓRIAS DE VIDA, O VALOR DA LIBERDADE.
F.P.

SUMÁRIO

6
APRESENTAÇÃO

9
ARGENTINA
Carola Elena Lorenzini

13
BOLÍVIA
Domitila Barrios de Chungara

17
BRASIL
Lélia Gonzalez

21
CHILE
Elena Mafalda Zunilda Caffarena Morice

25
COLÔMBIA
María de los Ángeles Cano Márquez

29
COSTA RICA
Carmen Lyra

33
CUBA
Mercedes Valdés Granit

37
EL SALVADOR
Prudencia Ayala

41
EQUADOR
Dolores Cacuango

45
GUATEMALA
Margarita Azurdia

49
HAITI
Alice Garoute

53
HONDURAS
Teresa Victoria Fortín Franco

57
MÉXICO
Matilde Petra Montoya Lafragua

61
NICARÁGUA
Arlen Siu Bermúdez

65
PANAMÁ
Marta Matamoros

69
PARAGUAI
Carmen Soler

73
PERU
Victoria Santa Cruz

77
PORTO RICO
Ana Roqué de Duprey

81
REPÚBLICA DOMINICANA
Andrea Evangelina Rodríguez Perozo

85
URUGUAI
Lucrecia Covelo

89
VENEZUELA
María Luisa González Gragirena de Escobar

APRESENTAÇÃO

Em tempos de superproduções cinematográficas protagonizadas por heróis, ousamos resgatar heroínas da vida real – personagens muitas vezes esquecidas cujas histórias de luta e resistência possibilitaram os avanços que experimentamos hoje.

Aqui você conhecerá 21 mulheres, uma para cada país da América Latina. Todas elas tiveram impacto no século XX, nele viveram e deixaram sua marca. Com as características de seus respectivos países, bem como de sua aptidão pessoal e história de vida, sofreram as imposições de regimes ditatoriais em nações marcadas pelo passado colonial e pelo legado de desigualdade social, racismo, sexismo e toda sorte de injustiças, preconceitos e violação de direitos.

Nossas personagens são aviadoras, médicas, escritoras, artistas, professoras, ativistas, costureiras, líderes indígenas, bailarinas, compositoras, juristas, intelectuais, trabalhadoras domésticas, mineradoras, videntes, biólogas, sufragistas, políticas, revolucionárias e cantoras. Apesar da diversidade, todas compartilharam do mesmo ideal: a luta por uma sociedade mais justa, igualitária e democrática. São mulheres insubmissas que não aceitaram as arbitrariedades de um sistema opressor e violento. Muitas foram incompreendidas em seu próprio tempo, ganhando notoriedade anos depois, algumas apenas após a morte.

Desprovidas de superpoderes, capas, roupas e efeitos especiais, tinham uma qualidade rara: a de se importar profundamente com as pessoas. Elas ousaram transpor o interesse do "eu" e dos "meus", foram cidadãs notáveis que fizeram a diferença para muitas vidas e gerações. Essas mulheres nos tocaram muito com suas histórias repletas de coragem, amor, entrega e desejo de transformação, um altruísmo que contrasta com o individualismo vigente e que nos faz recordar os mais altos ideais humanos.

Procuramos selecionar alguns nomes pouco conhecidos do público brasileiro e perfis distintos, oferecendo um panorama vasto e multifacetado, assim como o são nosso continente e as mulheres em sua essência, que sempre se desdobram em inúmeras possibilidades. Desejamos que a leitura deste livro inspire você, querida leitora e querido leitor, a descobrir seu próprio potencial e a se orgulhar de suas raízes latino-americanas.

CELINA BODENMÜLLER E FABIANA PRANDO

ARGENTINA
CAROLA ELENA LORENZINI
15.8.1899 [EMPALME SAN VICENTE] • 23.11.1941 [MORÓN]

Se a espera nunca chega,
o melhor é atropelar.

As amazonas, guerreiras mitológicas da antiguidade, são mulheres corajosas que aceitam qualquer desafio. Carola Lorenzini foi dessa linhagem.

Diferentemente do pai, um sapateiro que manteve os pés agarrados ao chão por toda a vida, Carola queria ter asas. Ela amava cavalgar e caçar com seus irmãos. Cresceu apaixonada pelos esportes: remo, equitação, salto, atletismo, lançamento de dardo, arremesso de peso, natação e hóquei. Todos admiravam aquela campeã, que conquistava medalhas e prêmios, mas ela sonhava ainda mais alto.

Quando cresceu, sacudiu a vizinhança acelerando pelas ruas de Empalme San Vicente, cidade localizada perto de Buenos Aires, capital da Argentina. Ela foi a primeira mulher a dirigir um automóvel naquela região.

Carola também foi atriz de teatro, mas preferiu o céu como palco. Trabalhou no escritório da Compañía Unión Telefónica. "Eu preciso trabalhar para comer… e voar para viver", dizia. Ouvia que voar era arriscado, que deveria manter os pés em terra firme, mas não se abalava: "O perigo está em toda parte. Ninguém precisa procurá-lo".

Aceita como aluna em um aeroclube em 1933, Carola conseguiu permissão no trabalho para entrar uma hora mais tarde. Saía de casa às 3h30 da manhã e ia de trem para o aeródromo de Morón, que ficava a cerca de vinte quilômetros de sua casa. Formou-se pilota em três meses. A essa altura, a cidade já se orgulhava dela.

Carola foi a primeira mulher a conseguir uma licença para voar e, depois, a primeira instrutora de voo da América do Sul. A Compañía Unión Telefónica mandou publicar nos jornais os parabéns para a pioneira.

Pilotou a uma altitude de 5.300 metros e quebrou o recorde sul-americano. Esse feito foi reconhecido pela Aeronáutica da Argentina, que deu a ela uma medalha com a inscrição: "Dos camaradas da Aeronáutica Militar à senhora Carola Lorenzini – Recorde de altura, 31 de março de 1935". Ela prendeu a medalha ao seu relógio e jamais deixou de levá-la consigo.

A façanha desencadeou uma campanha de arrecadação para que Carola comprasse seu próprio avião. Houve reportagem em revista, festas beneficentes e até um pedido na Câmara dos Deputados. Mesmo assim, o dinheiro não apareceu.

Depois de um ano, Carola se tornou a primeira mulher a sobrevoar sozinha o rio da Prata. Ela decolou do aeródromo de Morón, na Argentina, e aterrissou em Montevidéu, no Uruguai. As capas de revistas estampavam a destemida aviadora em sua tradicional roupa de pilota: jaqueta de couro e bombachas, as típicas calças gaúchas. Ganhou o apelido carinhoso de Paloma Gaucha, ou Pomba Gaúcha.

RIO DA PRATA

O rio da Prata tem esse nome em função da busca pela lendária Sierra de la Plata no século XVI. Relatos de navegadores diziam que indígenas, exibindo pedaços de cobre, prata e pedras com veios de ouro, descreviam uma montanha de prata protegida pelo rei Branco e seu exército. Tais histórias chegaram aos reis ibéricos, que enviaram mais expedições para explorar a região, dando sequência à colonização do rio da Prata e à ocupação do litoral sul do continente americano.

VOOS FEMINISTAS

Carola Lorenzini seguiu encantando as pessoas com suas acrobacias aéreas, colecionando triunfos, vencendo competições e quebrando tabus. Na mesma época, a norte-americana Amelia Earhart estava dando a volta ao mundo a bordo do *The Canary*, seu avião amarelo. E as sufragistas reivindicavam a participação ativa das mulheres na política. Entre tantas lutas coletivas, o ato de cruzar fronteiras até então intransponíveis para as mulheres representou um tipo de feminismo individual.

Em 21 de abril de 1940, Carola sobrevoou 5.115 quilômetros, mapeando todas as províncias argentinas, além de comemorar o feito com 26 exibições acrobáticas. Ao pousar em El Palomar, foi recebida por uma multidão em festa. Disseram que aquele não havia sido um voo solitário, porque ela inspirou toda uma geração:

> Quando se duvida do valor feminino e da tenacidade das mulheres, surge uma aviadora como Carola Lorenzini, que nos apoia e coloca seu nome em todas as bocas. Nós, mulheres, amamos Carola porque ela é uma resposta constante a todas as crenças injustas e aos frequentes comentários irônicos sobre a coragem das mulheres (*Revista Maribel*, Argentina, 7 de maio de 1940).

AMELIA EARHART

Aos 25 anos, a norte-americana Amelia Earhart estabeleceu o recorde feminino de altitude ao atingir 4.300 metros. Em 1932, sobrevoou o oceano Atlântico sozinha. Ela desejava ser a primeira mulher a dar uma volta ao mundo. Em 1º de junho de 1937, decolou de Miami acompanhada pelo navegador Fred Noonan. Mas seu avião desapareceu. Os corpos e os destroços da aeronave nunca foram encontrados.

Carola era famosa por suas arriscadas acrobacias aéreas. Em 23 de novembro de 1941, um grupo de aviadores uruguaios foi convidado para assistir a uma demonstração no aeródromo de Morón. Faria a sua manobra mais famosa, o looping invertido, algo que somente ela e seu instrutor ousavam realizar. Durante a acrobacia – que consiste em ficar de cabeça para baixo bem perto do chão – algo deu errado e transformou esse voo no último da Pomba Gaúcha.

O acidente e a morte de Carola entristeceram a Argentina. Em 2001, o Correio Argentino emitiu um selo postal comemorativo com a imagem dela. Carola recebe muitas honrarias e homenagens até hoje, não somente por ser uma aviadora pioneira, mas também por ser uma personagem importante das lutas históricas pela emancipação das mulheres no país.

BOLÍVIA

DOMITILA BARRIOS DE CHUNGARA

7.5.1937 [LLALLAGUA] • 13.3.2012 [COCHABAMBA]

> *Se é verdade que a Bolívia é um país tão rico em matérias-primas, por que é um país com tanta gente pobre?*

Dentro de um vilarejo em uma região de mineração nasceu Domitila, a primeira das cinco filhas dos indígenas Nieves Cuenca, uma costureira, e Ezequiel Barrios, um minerador. Foram pobres a vida inteira. Quando Domi tinha dez anos, sua mãe morreu e a menina precisou cuidar das irmãs mais novas, uma delas recém-nascida.

A riqueza que os operários retiravam das montanhas bolivianas não era compartilhada com eles. Quem ficava com o lucro era o patrão, o chamado Rei do Estanho, que se tornou o quinto homem mais rico do mundo à custa da exploração de seus empregados.

Os mineradores recebiam menos do que era preciso para morar, comer e criar os filhos; menos do que deveriam receber pelo perigo dos explosivos e dos acidentes, pelo calor, frio e falta de ar quase intoleráveis que passavam dentro da montanha, pelo mal causado pelas substâncias tóxicas que respiravam; menos do que mereciam, muito menos do que valia sua coragem.

Governos bolivianos, um após o outro, não protegiam os trabalhadores; muito pelo contrário, apoiavam os poderosos. Mas o abuso e a desigualdade uniram os mineradores em protestos. O pai de Domitila, ex-combatente na Guerra do Chaco, um conflito que durou três anos entre a Bolívia e o Paraguai, explicava para a família o que acontecia. Ele participava como dirigente do Movimiento Nacionalista Revolucionario (MNR). Os olhos esverdeados de Domitila faiscavam ao ouvir os planos para transformar a Bolívia em um país mais justo.

Domitila tornou-se uma *parilli*, uma trabalhadora que procura minérios do lado de fora da mina, em pedras inicialmente já examinadas, chamadas de rejeito. Era uma mineradora, filha e esposa de mineradores, e se orgulhava disso.

A MONTANHA DE PRATA

Em 1545, a descoberta de uma inacreditável quantidade de prata onde hoje fica a montanha chamada Cerro Rico, na Bolívia, enriqueceu a Espanha. Nunca houve uma distribuição justa de riqueza no país. A cobiça e a tensão sobre seus recursos naturais sempre contribuiu para a desigualdade. Depois de quase quinhentos anos, a Bolívia ainda é um dos países mais pobres da América Latina, apesar de sua grande riqueza em minerais, pedras preciosas, metais e combustíveis fósseis.

Anos de despotismo e resistência se sucederam. Domitila se converteu em uma líder rebelde do Comité de Amas de Casa del Distrito Minero Siglo XX. Aprendeu com o pai que as mulheres podem fazer tudo o que os homens fazem. Ficou conhecida entre todos; fez amigos, e inimigos também.

Domi acordava às quatro da manhã, cozinhava, arrumava a casa, lavava as roupas e preparava os filhos para a escola. Para ajudar no orçamento familiar, vendia *salteñas*, um salgado típico da Bolívia, preparado com a colaboração das crianças. As que iam para a escola de tarde cozinhavam de manhã. As que estudavam de manhã saíam para comprar mantimentos e vender as *salteñas* à tarde com a mãe. À noite, faziam a lição de casa. Os compromissos políticos ainda tinham que caber na rotina de Domitila, pois sua luta nunca teve fim.

O MASSACRE DE SÃO JOÃO

No dia 25 de junho de 1967, o sindicato marcou uma grande reunião. Na véspera, noite de São João, os mineradores festejavam com fogos de artifício quando as Forças Armadas bolivianas chegaram e começaram a atirar. A princípio, as pessoas pensaram que o barulho dos disparos fosse dos fogos, mas logo perceberam que se tratava de um ataque. Esse massacre é considerado como uma das páginas mais cruéis da história da Bolívia.

Dois dias depois, os soldados prenderam Domitila. O medo, a fome e o frio foram as únicas visitas que ela recebeu na cadeia. Isolada em uma cela, sem notícia nem mesmo dos filhos, suspirava por um milagre. Até que, na manhã de uma quinta-feira, uma mulher foi à delegacia.

Da cela, Domitila conseguiu chamar sua atenção e pediu a ela que levasse uma carta e que a tornasse pública. Na mensagem, ela revelava, entre outras coisas, que estava presa na capital, La Paz, e que tinha sido separada dos filhos. Explicava que o único delito que havia cometido fora denunciar um crime contra a classe trabalhadora, o Massacre de São João. Implorou para que a estranha divulgasse a carta. No sábado, uma multidão barulhenta se dirigiu à porta da prisão, agitando incontáveis cópias da carta. Domitila teve que ser libertada.

O FIM DA INVISIBILIDADE

Em 1975, a Organização das Nações Unidas (ONU) decretou o Ano Internacional da Mulher para valorizar e mostrar ao mundo as conquistas femininas. No mesmo ano, Domitila discursou em um congresso no México. Não conseguiria estar lá sem o convite de uma cineasta, a colaboração do sindicato e a interferência da própria ONU. O governo boliviano tentou impedi-la de viajar, mas não conseguiu.

Três anos depois do congresso, Domitila publicou dois livros sobre sua vida e ideias. Era famosa quando iniciou uma greve de fome com quatro outras mineradoras na praça principal de La Paz. O objetivo do protesto era destituir o presidente da República, o general Hugo Banzer. Milhares de outras pessoas juntaram-se a elas, e o presidente viu-se obrigado a convocar eleições livres e diretas. A partir daí, a transição democrática se iniciou.

Ela chegou a ser candidata à vice-presidência da Bolívia em 1978 e teve seu nome indicado ao Prêmio Nobel da Paz em 2005. Militou ativamente até sua morte, tendo sido condecorada com a Ordem Nacional do Condor dos Andes, a mais importante condecoração da Bolívia.

BRASIL

LÉLIA GONZALEZ

1.2.1935 [BELO HORIZONTE] • 10.7.1994 [RIO DE JANEIRO]

> *Nosso português não é português, é "pretuguês".*

Boas histórias são as que têm tudo para dar errado, mas acabam dando certo. A história de Lélia é desse jeito.

Ela foi a penúltima dos dezoito filhos do casal Urcinda e Acácio. Eles eram muito pobres. A mãe, uma mulher analfabeta de origem indígena, trabalhava como empregada doméstica. O pai, um homem negro nascido sob a Lei do Ventre Livre, era empregado de ferrovia.

Dona Urcinda foi ama de leite na casa de uma família italiana. Lélia sempre acompanhava a mãe. Enquanto dona Urcinda amamentava o bebê, ela brincava com a irmãzinha dele. As duas meninas tinham a mesma idade e eram muito amigas.

A separação ocorreu quando a italiana foi para o jardim de infância. Lá, a menina sentiu falta da colega e pediu ao pai para que Lélia estudasse com ela. Naquela época, crianças pobres e pretas não iam para a escola, mas os pais da garota custearam os estudos da pequena Lélia. Um presente que ela jamais esqueceu.

LEI DO VENTRE LIVRE

Criada no Brasil em 1871, a Lei do Ventre Livre garantia que os bebês de mulheres escravizadas nascidos a partir daquele ano seriam livres. A medida buscava controlar as rebeliões cada vez mais frequentes de escravizados. O tráfico de negros estava proibico havia algum tempo, e se esperava que, mais dia, menos dia, a abolição completa da escravatura aconteceria.

FUTEBOL E MILITÂNCIA

O futuro trouxe boas novas: Jaime de Almeida, irmão de Lélia, assinou contrato com o Clube Atlético Mineiro. Ele era bom de bola e, em pouco tempo, assinou contrato com o Flamengo.

Em 1942, Jaime levou a família para o Rio de Janeiro. Seu pai morreu pouco depois da mudança, quando Lélia tinha sete anos. Jaime, de 21, cuidou dela com amor e foi seu maior exemplo de superação das barreiras impostas aos negros.

Lélia floresceu na Cidade Maravilhosa. No Rio de Janeiro, fez carreira como tradutora, professora, antropóloga, feminista e militante antirracista. Era brilhante, mas sentia-se insegura. Era como se não fosse parte da família, nem da turma da faculdade. Quando passou de estudante a professora, tentou se ajustar à aparência dos colegas: "Eu usava peruca, esticava o cabelo, gostava de andar vestida como uma lady", contou.

Lélia se casou com Luiz Carlos Gonzalez, um amigo da faculdade. Os pais dele eram espanhóis e não queriam ver o filho casado com uma negra. O rapaz rompeu com a família. Certa vez, disse para Lélia que as roupas e o penteado que ela usava não combinavam com suas ideias em defesa das mulheres negras. Ela assumiu os cachos e as roupas coloridas. Logo, seu grande sorriso revelou o orgulho que sentia por ser mulher, negra, indígena e latino-americana.

UMA SENHORA INTELECTUAL

Lélia Gonzalez é considerada uma das maiores intelectuais brasileiras do século XX. Participou da fundação do Movimento Negro Unificado (MNU) e do Nzinga Coletivo de Mulheres Negras.

Ela sabia que uma mulher não é igual a um homem, que um negro não é igual a um branco. Ensinou que existe beleza na diversidade e que o inaceitável é transformar diferença em desigualdade. Lélia meteu o dedo na ferida para mostrar que existe racismo no Brasil.

Ao pesquisar as histórias de seus ancestrais, Lélia descobriu que o primeiro Estado livre das Américas existiu no Brasil Colonial, de 1595 a 1695: a República Negra de Palmares. Nela, negros, indígenas, brancos e mestiços viviam do trabalho livre, com benefícios revertidos para a comunidade. A língua oficial deles era o "pretuguês".

MOVIMENTO NEGRO UNIFICADO E NZINGA

O MNU é uma organização pioneira na luta do povo negro no Brasil. Foi fundado no dia 18 de junho de 1978, com evento de lançamento realizado nas escadarias do Teatro Municipal de São Paulo, durante o regime militar. Esse ato é considerado um referencial histórico na luta contra a discriminação racial no país.

O Nzinga Coletivo de Mulheres Negras, criado na década de 1980, é uma organização feminista voltada à pesquisa e às discussões sobre gênero e desigualdade. Seu nome é uma homenagem à rainha angolana Nzinga (1582-1663), que por 35 anos enfrentou o colonialismo português.

As palavras "ginga", "xodó", "sonho", "cochilo", "cafuné" e "moleque", comuns em nosso cotidiano, são de origem africana e foram trazidas para cá pelos negros. Para Lélia, "pretuguês" é a língua do Brasil, com expressões africanas modelando nosso jeito brasileiro de ser, sentir e pensar.

Lélia Gonzalez faleceu com apenas 59 anos de idade, deixando semeadas suas ideias em livros que florescem nos leitores até hoje. Boas histórias têm muita força. A de Lélia está viva e inspira as novas gerações a construírem uma sociedade mais justa e solidária.

CHILE

ELENA MAFALDA ZUNILDA CAFFARENA MORICE

23.3.1903 [IQUIQUE] • 19.7.2003 [SANTIAGO]

Nas casas e nas ruas há mulheres muito mais interessantes do que eu, que estão lutando todos os dias e que têm muito a dizer...

O corpo de 96 anos já não conseguia mais andar. Porém, aquele era um dia muito especial. Elena chamou a família e avisou que sairia. Escolheu uma roupa elegante e colocou um pequeno chapéu, companheiro de antigas aventuras. Terminou passando batom e sorriu quando se sentou na cadeira de rodas para partir. Sandra se preocupou com a avó, mas entendia que ela realmente precisava ir, não era teimosia de gente idosa, era dia de votação.

A teimosia é um defeito? Pode até ser, mas alguns resolvem teimar tanto que acabam transformando-a em virtude. É o caso de Elena Caffarena, que se formou em direito e se tornou uma jurista importante, além de uma das pessoas mais obstinadas já nascidas no Chile.

Tímida, quieta, comedida, séria e absolutamente inconformada com o que seria seu destino. Aprender a bordar e a tocar piano, escolher roupas sofisticadas, ir a bailes e se casar bem? Nada disso! Não quis a vida destinada às mulheres de sua classe social.

Blas Caffarena, pai de Elena, foi um comerciante que prosperou até fundar uma indústria têxtil. Graças ao enriquecimento dele, ela teve oportunidade de estudar nas salas de aula da Universidad de Chile, em que cortinas separavam as poucas mulheres dos homens. Ali, foi interrompido o ciclo de gerações de mulheres de sua família que se dedicavam somente ao lar.

Era raro que gente de "boa família" entregasse seu talento aos pobres. Elena não era assim. Nem tinha se formado e já oferecia orientação jurídica gratuita na Federación de Estudiantes de la Universidad de Chile. Logo se tornou uma das primeiras juristas do Chile e ocupou sua vida com duas grandes paixões: o voto feminino e o apoio social às mulheres e seus filhos.

Em 1940, o então presidente chileno Pedro Aguirre Cerda, educador e advogado, nomeou Elena para o Consejo de Defensa del Niño, cargo que ela ocupou por 34 anos, lutando pela proteção da infância.

TRABALHO PRÓPRIO DA MULHER

Na certidão de nascimento de Elena, constava a profissão de sua mãe como "trabalhos próprios do sexo". No começo dos anos 1900, era quase uma regra que as mulheres não trabalhassem fora de casa. O trabalho feminino consistia em realizar atividades que "só elas seriam capazes de fazer": ter e cuidar dos filhos e tudo o mais que fosse ligado ao lar. Os "trabalhos próprios do sexo" eram tratados como coisa menor, situação que se perpetua até os dias de hoje.

EMANCIPAÇÃO DAS MULHERES

A paixão de Elena por direitos políticos nasceu na viagem que fez pela Europa nos anos 1930. Ao observar o avanço dos direitos femininos por lá, ela se convenceu de que as mulheres teriam que ser sufragistas no Chile também. Ao voltar, criou o Movimiento Pro-Emancipación de las Mujeres de Chile (MEMCh) com a nova geração de mulheres de seu país. Elena e sua colega Flor Heredia redigiram um projeto que buscava garantir plenos direitos políticos às mulheres. O direito feminino ao voto chegou em 1949.

Ironicamente, Gabriel González Videla, o general presidente do país, não convidou Elena para a festa de comemoração da lei, que ocorreu no Teatro Municipal de Santiago. E foi além, cancelando seu título eleitoral. O motivo: Elena era a advogada de quarenta mulheres e de seus mais de cem filhos, todos prisioneiros do governo por pensarem diferente do general. Foi acusada de ser agitadora e líder de revoltas, o que resultou na proibição de seu direito ao voto depois de décadas de luta.

Elena era firme contra as injustiças. Havia ações judiciais em que o pedido, quando feito por um marido, recebia do tribunal uma decisão que o favorecia. Por outro lado, quando um pedido da mesma natureza partia de uma esposa, não era atendido pela Justiça. Existia, de fato, uma aplicação diferente da lei que dependia de o beneficiado ser homem ou mulher. Testemunhando a conduta dos tribunais, Elena fez a promoção dos direitos da mulher na família e no trabalho. O desrespeito aos direitos trabalhistas femininos provocou a formação da Comisión de Defensa de la Mujer. As denúncias eram ouvidas e as mulheres, representadas perante as autoridades para exigir o cumprimento de seus direitos.

AS SUFRAGISTAS

"Sufrágio" é sinônimo de voto, e "sufragista" é a pessoa que defende que o governo seja eleito por meio do voto de todos os cidadãos, sem discriminação. A luta das sufragistas começou no século XIX em vários países e se intensificou ao longo do século XX na América Latina. A primeira Constituição brasileira, de 1824, marcou o início do sistema eleitoral em nosso país, mas somente em 1934 as mulheres tiveram o direito ao voto garantido.

Em 1928, a brasileira Celina Guimarães Viana foi a primeira mulher latino-americana a votar, após vencer uma batalha judicial. O primeiro país latino-americano a aprovar o voto feminino em nível nacional foi o Equador, em 1929; e o último foi o Paraguai, em 1961.

O tempo passou, os governos se sucederam e os direitos políticos de Elena foram devolvidos. Dizem que, um dia em que foi votar, vozes se espalharam pelo lugar. Uns contavam aos outros que, naquela cabine de votação, estava a mulher que teve o papel mais decisivo na conquista do voto feminino. Ao sair, ela foi aplaudida pelos corredores.

Nenhuma outra homenagem foi concedida a Elena Caffarena em sua longa vida. Contudo, hoje a trajetória dela, a 15ª advogada do país, se confunde com a própria história do Chile.

COLÔMBIA

MARÍA DE LOS ÁNGELES CANO MÁRQUEZ

12.8.1887 [MEDELLÍN] • 26.4.1967 [MEDELLÍN]

Precisamos de uma metamorfose da alma.

O lar da pequena María era um mundo protegido pelo amor de seus pais e irmãos. O pai, Rodolfo Cano, foi diretor de escolas normais, aquelas em que estudavam os futuros professores. Entre os anos de 1877 e 1885, ele viveu uma época de ouro, um tempo de abertura e liberdade de ideias, até que a Constituição colombiana de 1886 limitou os direitos individuais e instaurou a Regeneración Conservadora. A partir desse momento, tanto a educação pública quanto a particular passaram a ser responsabilidades da Igreja Católica, que ganhou o direito de censurar os livros e as demais leituras escolares.

Foram anos difíceis. Rodolfo Cano foi demitido e passou a ensinar os filhos e outras crianças da família em casa. Ali existia amor pelo conhecimento. Além das aulas, eram organizadas tertúlias, reuniões literárias noturnas em que María devaneava ouvindo poesia. Era um refúgio daquele mundo repressivo e injusto.

Rodolfo faleceu primeiro, e logo depois Amelia, mãe de María. Do pai, ela herdou a biblioteca e o sentido de liberdade. Com a mãe, aprendeu que ternura não é uma fraqueza e que o feminino não é inferior ao masculino.

María e suas irmãs solteiras, Carmen Luisa e María Antonia, não deixaram a casa do bairro Oriente, que ficava bem em frente à Iglesia de San Francisco. Isso foi decisivo para que as três enfrentassem o preconceito da sociedade conservadora em que viviam: "O que fariam mulheres vivendo sozinhas na Medellín de 1910?".

REGENERACIÓN CONSERVADORA

Da independência da Espanha, em 1810, até 1886, a Colômbia teve quinze constituições. A Constituição de 1863 foi o ápice das liberdades individuais e dos direitos políticos. A Regeneración Conservadora foi uma reação autoritária à liberdade de expressão e de pensamento. Durante esse período, a Igreja Católica garantiu a unidade e a ordem social, enquanto o governo conservador, com um Executivo forte e um Estado de caráter católico, permaneceu no poder até 1930.

A CASA DAS SENHORAS CANO

O trabalho de Carmen Luisa era retocar fotografias. María Antonia, sábia e misteriosa, vivia cercada por pombos e teria o dom de se comunicar com eles. Já María Cano cuidava do jardim e das tarefas domésticas. Certa noite, reunidas em volta da mesa, com janelas e cortinas fechadas, iniciaram um ritual. Como rainhas de antigos castelos, tomaram posse de seu reino: a Casa das Senhoras Cano.

María retomou as tertúlias como anfitriã, com seu cabelo curto e encaracolado, vestido florido e o coração em festa. Começou a escrever textos e poesias para a revista *Cyrano* e abriu, assim, uma oportunidade para os novos talentos literários, principalmente para as mulheres, que tinham pouco espaço para a divulgação de seus pensamentos. Usaria seu amor pelos livros para despertar a consciência social.

Ela doou livros do seu acervo pessoal para a biblioteca municipal e criou um clube do livro em que lia em voz alta. Pessoas de diferentes origens se reuniam para ouvi-la e encantavam-se por sua voz. Fez novos amigos e alguns a convidavam para visitar suas casas. Foi assim que María descobriu uma cidade que ela desconhecia dentro de Medellín, onde as pessoas viviam na miséria.

Em 1925, seus colegas operários lançaram sua candidatura à Flor do Trabalho. María foi eleita com grande número de votos e isso mudou os rumos de sua vida. Ela trocou a poesia pela luta social em defesa dos trabalhadores.

FLOR DO TRABALHO

A eleição da Flor do Trabalho na Colômbia era uma tradição em comemoração ao 1º de maio, o Dia do Trabalhador. As candidatas, indicadas pelo povo, eram atuantes na defesa da classe trabalhadora. A votação era popular, e a vencedora ostentava o título de Flor do Trabalho durante todo o ano, participando de eventos, conferências e compromissos oficiais relacionados aos trabalhadores do país.

OS "TRÊS OITOS"

María introduziu a expressão "três oitos" – oito horas de trabalho, oito horas de estudo e oito horas de descanso –, que se tornou o lema do movimento trabalhista. Percorreu o país sete vezes, viajando de avião, trem, barco e até mesmo montada em um burrico. Com vestidos floridos e chapéu de palha para se proteger do sol, essa mulher pequenina e tímida crescia e incendiava a multidão com seus discursos. María se apaixonou pelo povo e foi correspondida: "Viva a Virgem Vermelha do proletariado colombiano! Viva María Cano!".

Ela visitou a zona bananeira, controlada pela poderosa empresa norte-americana United Fruit Company, e denunciou o modelo abusivo de trabalho que lá vigorava. Foi presa e acusada de apoiar a greve que culminou no Massacre das Bananeiras, um episódio traumático que marcou a alma do povo colombiano.

Quando voltou para casa e para o trabalho na biblioteca, foi insultada muitas vezes: "Lá vai María Cano, a comunista!". Contam que mães diziam para as filhas desobedientes: "Cuidado para não ficar igual à María Cano!".

A defesa permanente de suas ideias a levou a ser repudiada até mesmo por seu próprio partido. As prisões, a repressão ao movimento trabalhista e as decepções a fizeram compreender a vinda de uma nova estação. Retirou-se da política e terminou sua vida em silêncio invernal, falecendo aos 79 anos. Entretanto, assim como recebeu, ela também deixou um presente precioso: uma história de luta a ser continuada pelas novas gerações.

> "Lutei por uma revolução nas ideias e na política, não por uma revolução armada. Precisamos de uma metamorfose da alma. Isso é uma transformação de ordem espiritual, dos valores, e levará muito tempo, porque enquanto dinheiro e poder forem os mais importantes, nada mudará."

COSTA RICA

CARMEN LYRA

15.1.1887 [SAN JOSÉ] • 4.5.1949 [CIDADE DO MÉXICO]

Nenhuma mulher submissa mudou a história.

Era uma vez um navegador que se arriscava pelos mares em busca de novidades. Seu nome era Cristóvão Colombo. Dizem que, séculos atrás, quando ancorou em um lugar do mar do Caribe, ele se deparou com nativos da costa enfeitados com muitas joias de ouro. Haveria nome melhor do que Costa Rica para batizar aquela grande novidade?

Nesse país, séculos depois, viveu uma professora que sabia que a menor distância entre duas pessoas é uma história. Por isso, todos os dias, quando faltavam quinze minutos para o fim da aula, ela encantava os alunos narrando as aventuras de Tío Coyote e Tío Conejo. Seu nome era María Isabel Carvajal Quesada. Porém, ela ficou famosa pelo nome artístico de Carmen Lyra, considerada uma das escritoras mais importantes da Costa Rica.

Antes de crescer e se tornar autora, a menina María Isabel gostava de ajudar as pessoas. Foi noviça e trabalhou no Hospital San Juan de Dios, mas, depois de dois anos, viu que não tinha aptidão para a vida religiosa. O que fazia seu coração bater mais forte era a escrita, a sala de aula e os livros. Assim, ela se formou na Escuela Superior para Niñas com apenas dezesseis anos e logo começou a trabalhar como professora e a escrever artigos para jornais como o *Diario de Costa Rica*, *La Hora* e *La Tribuna*, além das revistas *Ariel*, *Athenea* e *Pandemonium*.

Em 1919, ela e um grupo de colegas professores protestaram contra o presidente Federico Tinoco Granados. O ditador era alvo de inúmeros levantes por violar direitos civis e políticos. Houve perseguição policial, mas Carmen era astuta, então conseguiu escapar disfarçada de entregadora de jornal, imitando as travessuras do Tío Conejo, personagem esperto dos contos que tanto amava.

Em 1920 publicou os *Cuentos de mi tía Panchita*, uma coleção de 23 contos populares que adquiriram os tons e os sabores da Costa Rica. Tía Panchita fez muito sucesso e é considerado um clássico da literatura costa-riquenha até hoje.

No mesmo ano, Carmen ganhou uma bolsa de estudos no governo do presidente Julio Acosta García. Ela conquistou uma das três bolsas oferecidas aos professores para estudar pedagogia na Europa. Esteve na França, na Itália e na Inglaterra, visitou escolas e viu como os professores de lá ensinavam seus alunos.

Quando voltou para a Costa Rica, assumiu o cargo de diretora do Departamento de Literatura Infantil de la Escuela Normal da Costa Rica. Depois de alguns anos, fundou o primeiro jardim de infância do país, com base na proposta pedagógica de Maria Montessori. Os alunos eram as crianças mais pobres de San José, a capital do país. Ela levava a sério sua vocação e seu dever cidadão de ajudar os mais necessitados.

MARIA MONTESSORI

Em 1906, a italiana Maria Montessori coordenou a Casa dei Bambini, uma instituição que atendia os filhos dos trabalhadores de baixa renda do bairro de San Lorenzo, em Roma. Lá ela percebeu que as crianças preferiam as atividades práticas e os materiais com os quais pudessem interagir montando, encaixando e moldando. Ela notou um padrão no comportamento infantil: a autoeducação e a autodisciplina eram naturais e surgiam à medida que a criança tinha autonomia para fazer suas escolhas. Então, criou o Método Montessori, que respeita a individualidade e as necessidades de cada criança, promovendo a liberdade com responsabilidade, compreensão e respeito. Sua abordagem revolucionou a forma de educar, com práticas, ideias e materiais utilizados até hoje.

MULHERES UNIDAS

Junto com o amigo advogado Manuel Mora Valverde, Carmen fundou o Partido Comunista da Costa Rica, em 1931. Várias professoras entraram para o partido, todas prontas para desafiar uma sociedade que era injusta e na qual a vida de quase a totalidade das mulheres estava confinada ao lar, ao casamento e aos filhos. As professoras Carmen Lyra e Luisa González Gutiérrez formaram o Sindicato Único de Mujeres Trabajadoras e sugeriram a criação de um sindicato para as professoras costa-riquenhas, que surgiu em 1939. Unidas, as mulheres poderiam se organizar e lutar com mais vigor pelo que queriam. É isso que chamamos de ativismo.

A igualdade salarial entre homens e mulheres em cargos idênticos e a licença-maternidade de quatro semanas antes e quatro semanas depois do parto foram conquistas importantes do movimento. Mais tarde, o sindicato originou a Alianza de Mujeres Costarricenses, a primeira organização feminina da América Central.

Entretanto, a luta política lhe custou caro. Carmen estava contra o governo na Guerra Civil da Costa Rica, quando o então presidente José Figueres Ferrer pôs fim ao Partido Comunista. Com isso, ela perdeu o emprego como professora e, depois, foi expulsa do país. Foi obrigada a morar no México e pediu muitas vezes para voltar a seu país, mas isso jamais aconteceu.

Carmen Lyra faleceu aos 61 anos, longe de sua terra natal, mas não desapareceu da história do país. Ao contrário: seu rosto aparece na nota de 20 mil colones, a moeda oficial da Costa Rica desde 2010, e diversas escolas receberam seu nome, homenageando a professora e escritora que lutou bravamente pela educação das crianças e pelos direitos das mulheres.

CUBA

MERCEDES VALDÉS GRANIT

24.9.1922 [HAVANA] • 13.6.1996 [HAVANA]

Sempre quis estar com a música.

Mercedes descendia de escravizados africanos enviados para a ilha de Cuba. Os negros juntaram as crenças que trouxeram da África às dos europeus colonizadores. Assim, tornaram-se devotos da Virgem das Mercedes, a padroeira católica. Por ter nascido no dia da santa, a menina ganhou seu nome.

Sempre foi miudinha de corpo. Até mesmo depois de adulta continuou sendo chamada pelo diminutivo, Merceditas. Mas era graúda de voz, de ginga, de graça... Seu pai não queria, de jeito algum, que ela seguisse a carreira musical e a matriculou em um colégio de freiras. Ele argumentava que havia muito preconceito e que os artistas não alcançavam uma boa situação. Mas a filha começou a cantar por influência das amigas da escola e com o total apoio da mãe.

A linda e tropical Havana, sua cidade, era vibrante na música, na dança e nas tradições. Merceditas cresceu nessa cultura festiva e colorida. Os ritmos cubanos — rumba, conga, mambo, salsa, merengue, entre outros — sempre fizeram parte da trilha sonora de sua vida. Ela era mais do que beleza e sorrisos, ela era toda axé.

Primeiro, foi premiada pelo programa de rádio La Corte Suprema del Arte, um descobridor do talento de artistas cubanos. Sua raiz musical mais profunda foi revelada depois de seu encontro com o maestro Fernando Ortiz, um estudioso da música afro-cubana, que é repleta da sofisticada mitologia africana. Encabeçada por Olorum, o mito supremo, acompanhada por Iemanjá, a rainha do mar, e perto de todo o séquito de orixás iorubás, Mercedes foi arrebatada pela música de santeria, aquelas de cunho religioso.

AXÉ

É da etnia africana iorubá que vem a palavra "axé". Ela define a beleza e a força espirituais de cada ser. O axé também é o poder consagrado pelos orixás para objetos durante rituais religiosos. Esse termo é igualmente utilizado para felicitar alguém, desejar sorte ou força. Um gênero musical alegre e de ritmo contagiante foi batizado de axé no Brasil, se tornando popular no Carnaval da Bahia nos anos 1980 e se espalhando por todo o país.

No tempo da escravidão, os rituais africanos eram proibidos, mas os negros não desistiram de suas tradições e sussurravam secretamente canções nativas cheias de religiosidade. Merceditas se tornou uma *akpuón*, que é uma cantora de cerimônias religiosas, fazendo esse canto reprimido ecoar muito longe, onde jamais se poderia imaginar.

RAINHA AFRO-CUBANA

Na década de 1940, Mercedes foi pioneira na gravação do gênero musical afro-cubano profissionalmente. Depois, em 1954, fez turnês pela América Latina e se apresentou no Carnegie Hall, uma famosa casa de shows de Nova York. Desde então, ficou conhecida como a "rainha da música afro-cubana".

Nos anos 1960, a Revolução Cubana restringiu as manifestações religiosas, incluindo a música de santeria. Mercedes teve que trabalhar por algum tempo no programa de televisão *Palmas y Cañas*, cantando guarachas, um estilo musical de ritmo rápido e letras cômicas. Desmotivada, resolveu sair de cena.

O tempo passou, mudando o mundo e trazendo uma excelente novidade nos anos 1980: a abertura do turismo de Cuba para estrangeiros. E foi do bembé, a batida africana de tambor, que os turistas mais gostaram. Mercedes retomou sua carreira e voltou a reinar cantando a música da alma de sua gente. Não havia esqueleto que resistisse quando sua voz era acompanhada da batida dos atabaques e dos batás.

REVOLUÇÃO CUBANA

Essa revolução foi um movimento que começou em 1953 e terminou em 1959, quando forças revolucionárias lideradas por Fidel Castro, Che Guevara e Raúl Castro derrubaram o governo do ditador Fulgencio Batista, então aliado dos Estados Unidos. Fulgencio exilou-se na República Dominicana e, mais tarde, em Portugal. Fidel Castro tornou-se o líder vitorioso, assumindo o governo e determinando mudanças para o povo cubano. Cuba se tornou um país aliado da União Soviética e de seu Partido Comunista. Esse episódio provocou o rompimento das relações com os Estados Unidos.

Seguiu gravando discos e fez muitas viagens. Cantou até o fim da vida. Com a força de sua voz, deu visibilidade inédita aos mitos africanos, fazendo retumbar a enorme importância cultural e religiosa que tiveram e que ainda têm.

Se um dia você estiver em Cuba, experimente perguntar pela "pequena axé de Cuba". Os moradores da ilha costumam abrir um generoso sorriso ao falar de Merceditas.

Axé!

EL SALVADOR
PRUDENCIA AYALA
28.4.1885 [SONZACATE] • 11.7.1936 [SAN SALVADOR]

O homem e a mulher devem formar o conceito de cidadania e constituir as leis democráticas [...], os dois devem formar o governo.

Numa noite de 1885, três homens e uma mulher grávida chamada Aurelia Ayala, cada qual montado em seu cavalo, iam pelo caminho de El Salvador para a Guatemala. De repente, o vento começou a agitar os galhos das árvores. Depois vieram raios que iluminaram a estrada escura, seguidos por sons de trovões. Em instantes, estava formada uma tempestade. Até que um raio, o mais nervoso de todos, riscou o céu e descarregou sua fúria elétrica sobre os pobres viajantes. Os três homens e suas montarias foram fulminados. Aurelia sobreviveu. Algum tempo mais tarde, em uma cabana de palha, nasceu Prudencia, sua bebê indígena, de pai e mãe.

Naquela época, nascer mulher em El Salvador era uma complicação. Os homens tratavam-nas como seres sem inteligência, obrigadas a cuidar da casa e a obedecer aos maridos. Uma mulher jamais poderia discordar de um homem ou levantar a cabeça para ele; diziam que isso era desrespeito. Entretanto, eles faziam o que bem queriam.

A ternura entre mãe e filha era grande, mas o dinheiro que tinham para se sustentar era pouco. Desde criança, Prudencia já percebia como poderia ser ruim a vida de uma mulher casada. Não queria ter esse destino e, assim, decidiu ter uma profissão. Tornou-se costureira aos dez anos de idade e, trabalhando como assistente de sua professora, toda semana levava algum dinheirinho para casa.

Aos onze anos, foi trabalhar para dona Josefina, costurando vestidos em uma fazenda da cidade. Rubén, o filho de sua patroa, era seu melhor amigo, quase um irmão. Ele a ensinou a ler e a escrever, deixando que ela lesse tudo o que quisesse, além de presenteá-la com livros e jornais de que já não precisava. Prudencia nunca mais deixou de ler, e foi por meio da leitura que educou a si mesma.

Um dia, a menina ouviu vozes estranhas e viu imagens apavorantes à sua frente. Fugiu correndo e contou tudo à mãe: "Não se assuste, filha. Este é um dom de algumas mulheres da nossa família, que nascem com a capacidade de prever o futuro".

No começo, Prudencia não entendia muito bem suas visões, mas, com o tempo, bastava tocar em uma pessoa para logo ouvir uma palavra ou ter uma visão premonitória sobre ela.

Certa vez, acompanhou dona Josefina na entrega de uma encomenda para dom Rosendo, o diretor do jornal *Diario de Occidente*, na cidade de Santa Ana. Ao cumprimentá-lo, Prudencia o viu muito doente e o aconselhou a procurar um médico.

Algum tempo depois, dom Rosendo visitou Prudencia na casa de dona Josefina para agradecê-la e dar a notícia de que a premonição sobre ele estava certa. Na visita, também foi feito um convite para que ela publicasse suas previsões no jornal. A menina tinha apenas doze anos.

Profetizou um terremoto e acertou novamente. Previu a queda de um imperador alemão e a entrada dos Estados Unidos na Primeira Guerra Mundial. Na mosca!

Suas adivinhações e a fama só cresciam. Dom Rosendo a batizou de Sibila Santaneca, que significa "a profetisa da cidade de Santa Ana". Alguns a admiravam, mas muitos a odiavam. Ser mulher e ter um dom sobrenatural era considerado uma combinação perigosíssima. Além disso, Prudencia sabia ler e escrever — a instrução era algo raro em El Salvador — e, ainda por cima, ganhava o próprio sustento com seu trabalho. Era muita ousadia!

"Se não é louca, é bruxa", diziam. Os homens e até mesmo algumas mulheres não se conformaram quando Prudencia passou a publicar artigos denunciando a revoltante condição social feminina. Como ela se atrevia a desafiar o poder masculino enfiando minhocas na cabeça das mulheres?

"IMPRUDENTE"

Prudencia Ayala fundou o *Redención Femenina*, seu próprio jornal, e escreveu livros e poemas. Não era só a favor das mulheres que Prudencia redigia. A conduta de políticos também era assunto para ela. Não teve a menor dúvida em denunciar o prefeito corrupto da cidade e, por isso, acabou na prisão. Fugiu para a Guatemala e foi presa novamente. Dessa vez, acusavam-na de conspirar contra a ditadura militar que governava o país. Era chamada de Prudencia, a Imprudente.

Além disso, também lutou pelo direito de crianças nascidas fora do casamento, aquelas cujos pais não assumiam a paternidade. Ela mesma foi mãe de duas crianças que nunca foram reconhecidas e jamais conheceu seu próprio pai, um indígena mexicano por quem sua mãe se apaixonou.

DITADURA MILITAR EM EL SALVADOR

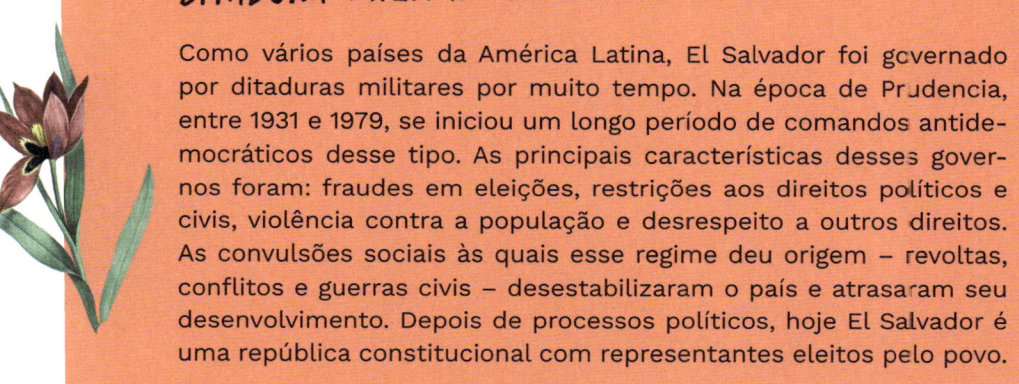

Como vários países da América Latina, El Salvador foi governado por ditaduras militares por muito tempo. Na época de Prudencia, entre 1931 e 1979, se iniciou um longo período de comandos antidemocráticos desse tipo. As principais características desses governos foram: fraudes em eleições, restrições aos direitos políticos e civis, violência contra a população e desrespeito a outros direitos. As convulsões sociais às quais esse regime deu origem – revoltas, conflitos e guerras civis – desestabilizaram o país e atrasaram seu desenvolvimento. Depois de processos políticos, hoje El Salvador é uma república constitucional com representantes eleitos pelo povo.

Nos anos 1930, as mulheres não tinham nenhuma cidadania. Não tinham direito de votar nem de trabalhar em cargos públicos. Eram, portanto, proibidas de pensar livremente. Nesse cenário, impensável para os dias de hoje, atrevida, Prudencia foi a primeira mulher da América Latina a concorrer à presidência, mas a Corte Suprema do país cancelou sua candidatura. Decidiram que apenas homens poderiam disputar cargos públicos. Ela foi impedida de realizar seu objetivo, mas plantou nas mulheres de seu país o desejo de conquistarem um lugar mais justo na sociedade.

Prudencia era tão audaciosa que desafiava os homens, carregando uma bengala, símbolo exclusivo do poder masculino da época. Usando os vestidos que ela mesma costurava, balançava o objeto no ar e lançava suas profecias poderosas: "Quando os escravizados se encherem de ódio, os tiranos e mercenários que vendem a justiça tremerão com medo de perder seu poder, porque todo tirano é um covarde".

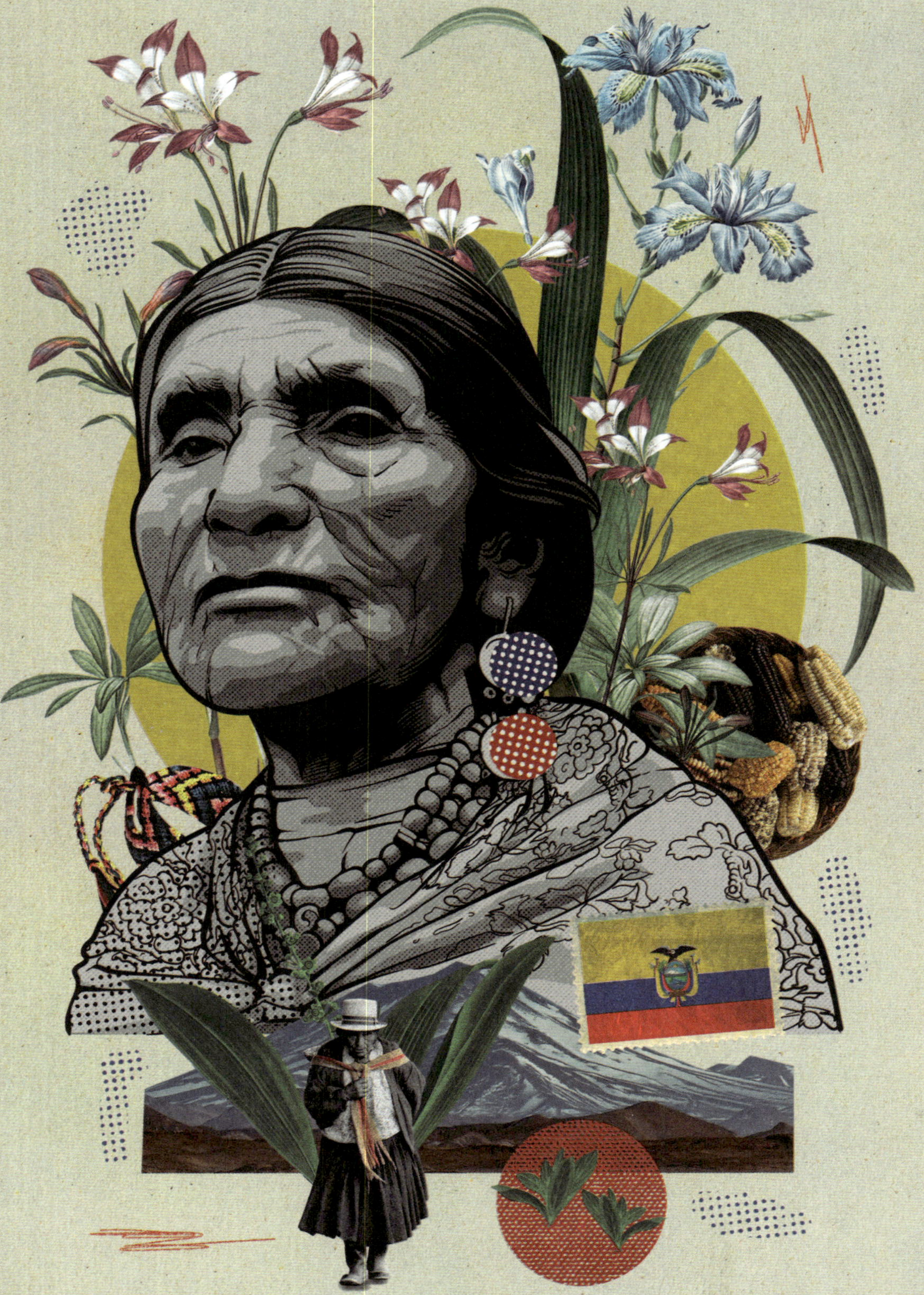

EQUADOR
DOLORES CACUANGO
26.10.1881 [CAYAMBE] • 23.4.1971 [YANAYACU]

Somos como a palha de páramo,
que é arrancada e volta a crescer,
e com palha semeamos o mundo.

No século XVI, espanhóis invadiram e tomaram posse de parte das terras da América do Sul. Os indígenas foram expulsos de seus territórios, e o sofrimento e a exploração atravessaram séculos.

Cerca de trezentos anos depois, na comunidade de Cayambe, no Equador, nasceu uma menina a quem os pais, Andrea e Juan, batizaram de Dolores, um nome espanhol que significa "dores". O sangue legítimo dos caciques cayambes, antepassados de Dolores, seriam sua fortaleza.

As terras equatorianas foram arrendadas por companhias de padres jesuítas, que as transformaram em fazendas. Apesar de terem se passado três séculos, a situação dos indígenas não havia mudado quase nada. Os pais de Dolores eram camponeses pobres e a família morava em um pequeno lote de terra em que podia plantar alimentos, criar animais e levantar um *wasipunku*, um casebre para morar.

Além do pai, as crianças e a mulher também trabalhavam. As tarefas da menina Dolores, desde os três anos de idade, eram carregar lenha, transportar água e pastorear ovelhas. A pastorinha não estudava porque não existiam escolas para indígenas e, portanto, ela não aprendeu a ler.

Dolores estava na adolescência quando a morte do pai mudou o rumo de sua vida. As mulheres não herdavam os lotes de terra, então ela passou a trabalhar para os padres como empregada doméstica. Em troca de comida, cumpria turnos de doze a dezoito horas por dia.

Quando estava perto de completar dezoito anos, um dos padres a avisou que deveria se casar assim que fizesse aniversário. O casamento era obrigatório para gerar os filhos que se tornariam a nova mão de obra para as fazendas.

Dolores recusou esse destino e decidiu tentar a sorte na capital, em Quito. Despediu-se da mãe e dos irmãos e iniciou uma jornada a pé pelos quase noventa quilômetros de distância até a cidade. Essa foi apenas a primeira das muitas viagens percorridas por ela a pé.

No quinto dia de caminhada, alcançou seu destino. Bateu à porta de uma casa na qual foi aceita como empregada, mas onde foi escravizada. Trabalhava sete dias da semana apenas em troca de comida.

Dolores, que praticamente só falava a língua indígena quíchua, pouco entendia o idioma espanhol, que foi aprendendo aos poucos. Certo dia, ela foi capaz de compreender o que seu patrão dizia sobre Eloy Alfaro Delgado, um mestiço que, depois de liderar a revolução liberal, chegou à presidência do Equador. O homem gritava furioso porque o presidente havia criado leis de proteção para os indígenas, negros e mestiços.

Foi em Quito que Dolores conheceu os primeiros ativistas indígenas. Inspirou-se em seus exemplos, confiou na proteção que o novo governo oferecia e voltou para Cayambe. Analfabetos e distantes das mudanças, os camponeses continuariam miseráveis para sempre. Seu objetivo, então, foi lutar por educação, salários e condições de vida e de trabalho dignas.

Os povos indígenas da América Latina chamam a Terra de "Pachamama", de "a grande mãe que acolhe e alimenta os seus filhos". Dolores foi aceita como líder e recebeu o apelido de Mamá Dulu.

COMO GRÃOS DE QUINOA

A força da voz de Dolores Cacuango era incontestável, uma arma apontada contra os tormentos aos quais os indígenas haviam sido submetidos. Ela falava por si e por todo seu povo com palavras simples, mas com clareza e discernimento.

Os indígenas se convenceram de que, se seus avós já moravam ali, eles tinham direito àquelas propriedades. O presidente Eloy Alfaro Delgado foi derrubado em 1912 e o respaldo dado pelo governo à luta dos indígenas se extinguiu. Dolores Cacuango lutou pelo cumprimento da Lei de Alfaro, que acabava com o emprego sem remuneração.

Os conflitos continuaram por mais sete anos e os direitos indígenas ainda não eram respeitados. Então, o povo se organizou em um levante que desafiou a autoridade dos patrões. O presidente em exercício deu ordem para o Exército atacar os camponeses, e a vitória foi dos patrões. Porém, eles não tiveram outra saída a não ser, pela primeira vez, pagar salários.

LUTA DOS POVOS INDÍGENAS

O ativismo indígena, que ao longo da história foi mundialmente reprimido, está mais atuante do que nunca. Mesmo que a luta seja antiga, ainda há muito o que garantir aos povos originários, e não exclusivamente na América Latina. Entre as pautas de suas comunidades, busca-se o respeito aos direitos que já existem e sua inclusão em debates políticos cujas decisões os afetem. Uma nova geração de ativistas indígenas ganha voz e vez no mundo. Entre elas está a equatoriana Sumak Helena Sirén Gualinga, que atua em escolas do Equador e na comunidade internacional, denunciando como os indígenas estão vulneráveis às mudanças climáticas. No Brasil, a antropóloga e cientista brasileira Taily Terena participa do Conselho Nacional de Mulheres Indígenas (Conami) e compõe o Fórum Permanente sobre Questões Indígenas da ONU.

Ainda que fosse pouco e que as mulheres recebessem apenas a metade do que era pago aos homens, essa conquista foi importantíssima. Ela acabou sendo o ponto de partida para o surgimento de sindicatos com lideranças que promoveram greves e muitos outros movimentos de luta, dando força à missão de vida de Dolores.

As conquistas chegaram aos poucos: a devolução de terras, a jornada de trabalho de oito horas, o aumento de salários, a eliminação do trabalho das mulheres... Mas, para Dolores, a garantia de que os patrões cumpririam as leis estava em "armar" o povo com o domínio da leitura.

A professora María Luisa Gómez de la Torre e Dolores foram parceiras na criação de escolas bilíngues quíchua-espanhol.

Dolores foi muito perseguida: incendiaram sua casa e fecharam suas escolas. Sem medo, dizia que, se morresse, outros continuariam o que ela havia começado. Ela sabia o que dizia.

Desde 1998 a Constituição equatoriana garante aos indígenas a educação intercultural bilíngue.

> *"Somos como os grãos da quinoa: se separados, somos assoprados para longe pelo vento, mas se nos mantivermos juntos dentro de um saco, o vento poderá até nos bambear, mas não nos derrubará."*

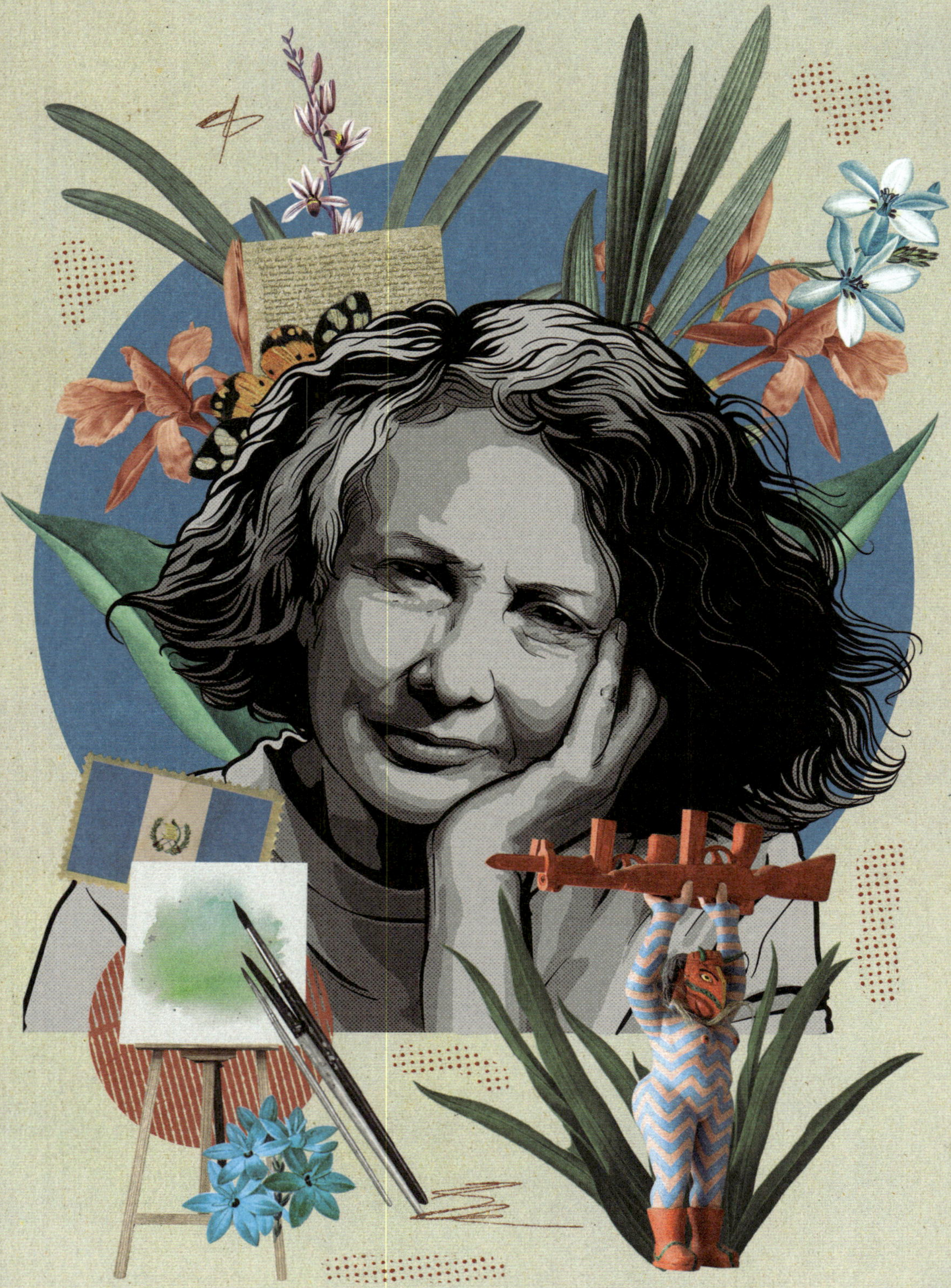

GUATEMALA
MARGARITA AZURDIA
17.4.1931 [ANTÍGUA] • 1.7.1998 [CIDADE DA GUATEMALA]

Isto é ser artista: estar disposta a mudar, a investigar, a questionar e a estar aberta como uma grande antena.

Nem os vulcões e os terremotos destruíram a cidade mais antiga da Guatemala. Depois de mais de quinhentos anos, a arquitetura histórica está de pé em Antígua, hoje uma das cidades mais visitadas do país.

Margarita nasceu Margarita Azurdia, virou Margot Fanjul, depois Margarita Rita Rica Dinamita, mais uma vez Margarita Azurdia e, finalmente, Anastacia Margarita. Várias mulheres em uma só. Uma das mais originais e menos compreendidas artistas guatemaltecas.

Quando menina, frequentou o Colegio Belga e a Escuela Americana. Adolescente, foi aluna da Loretto Academy, no Canadá, bem perto das Cataratas do Niágara. Aos vinte anos, se casou com o engenheiro aeronáutico Carlos Fanjul. O casal tinha um estilo informal e moderno. Nessa época, a personalidade exuberante, livre e excêntrica de Margarita desabrochou.

Margot Fanjul foi seu primeiro nome artístico e, com ele, ficou conhecida internacionalmente. A escultura e a pintura foram suas expressões iniciais. Curiosa e ousada, aprendia a fazer, fazendo.

SUA VIDA, SUA ARTE

Seus primeiros trabalhos combinavam círculos, cores contrastantes e esguichos de tinta branca: uma arte ligada ao expressionismo abstrato. Sempre aperfeiçoando sua técnica, foi elogiada pela crítica no final dos anos 1960. A artista recebeu uma menção honrosa na X Bienal de São Paulo, em 1969.

No início da década seguinte, ela causou furor na II Bienal de Arte em Medellín, na Colômbia. Exibiu 21 esculturas de formas simples em mármore que, com a participação do público, giravam e assumiam novos contornos. A artista chamou essas peças de "móbiles concretos" e "móbiles espirituais" que continuamente tomavam formas ovais e circulares. Para ela, as mandalas, esses círculos que representam a totalidade, traziam à obra de arte um ponto de vista espiritual, como um centro energético de equilíbrio e purificação capaz de transformar a realidade. Preocupada com o impacto dos avanços científicos na sociedade, ela buscava harmonia entre natureza e tecnologia.

As figuras geométricas de suas obras eram inspiradas em cores e motivos têxteis dos povos originários da Guatemala. Assim, ela deu grande destaque aos padrões dos tecidos maias e colocou a tradição de seu país ao lado das produções artísticas mundiais. Margarita honrou a arte ancestral de seu povo, como sua grande aliada.

EXPRESSIONISMO ABSTRATO

Movimento artístico que teve origem nos Estados Unidos, era caracterizado pela expressividade e pelo simbolismo. Embasado no conceito de inconsciente coletivo, tornou-se conhecido por refletir a emoção, a subjetividade e as verdades sobre a condição humana. Entre os artistas dessa corrente estão o norte-americano Jackson Pollock e o russo Wassily Kandinsky.

Em 1974, Margarita fez Uma Homenagem à Guatemala, exposição com cinquenta esculturas de madeira, que recebeu mais tarde o nome de *El santoral del Popol Vuh*. Ela chamou os santeiros, artesãos especializados em figuras religiosas, para colaborar com seu trabalho. Criou formas antropomórficas e zoomórficas que os artesãos esculpiam. De volta a seu ateliê, as peças recebiam desenhos e cores vibrantes, penas e peles de animais, além de outros detalhes que remetiam às crenças, máscaras, apetrechos e danças tradicionais do altiplano guatemalteco.

Quando seu casamento chegou ao fim, Margarita resolveu passar uma longa temporada na Europa. Em Paris, estudou desenho, fez dança contemporânea e escreveu poesia. Por lá, ressurgiu como Margarita Rita Rica

> **POPOL VUH**
>
> Popol Vuh é um manuscrito do século XVI com as histórias do surgimento da Terra de acordo com o povo maia, que habitou a Mesoamérica – sul do México e da Guatemala – antes da chegada dos espanhóis. O livro traz o imaginário, a visão de mundo, as crenças, os mitos, os valores e os costumes desse povo.

Dinamita e lançou dois livros: 27 *apuntes de Margarita Rita Rica Dinamita* (1979) e *El encuentro de una soledad* (1979).

Em 1982, voltou à Guatemala com Guadalupe Valdez, a cachorrinha que adotou na Espanha e que se tornou sua companheira querida. Inspirada por esse amor, iniciou uma campanha em defesa dos direitos dos animais. Criou também o Laboratorio de Creatividad, oferecendo aulas, ateliês e performances em museus, galerias, teatros e espaços públicos. Sua arte se ocupava de melhorar o mundo.

No ano seguinte, Margarita Azurdia organizou e participou da exposição Seis Mujeres, no Museo Ixchel del Traje Indígena. Com a bailarina Lucrecia Herrera, apresentou a dança Fábula.

Em 1994, participou da exposição Indagaciones, que reuniu artistas em busca de formas não convencionais de expressão, e nela apresentou um espetáculo de dança sagrada. Suas ideias sobre a vida e a arte estavam presentes na cerimônia oferecida ao feminino da natureza e à deusa Gaia.

Foram anos dedicados a experiências ritualísticas, desenhos, reflexões, poesia e práticas espirituais. *Iluminaciones*, livro que considerou sua obra máxima, com 22 desenhos acompanhados por um poema em espanhol e em inglês, e a apresentação de sua dança ritual Amor à Mãe Terra marcaram esse momento.

Foi uma artista múltipla que viveu à frente de seu tempo, buscando um renascimento espiritual ao longo de toda a vida. Seu nome místico, Anastacia Margarita, significa "o nascimento de um novo ser".

Em 1999, a casa em que Margarita viveu virou o Museo Margarita Azurdia. Por um ano inteiro, as pessoas puderam visitar uma coleção de obras e objetos pessoais dessa mulher originalíssima que dançou sua vida ao ritmo da paixão.

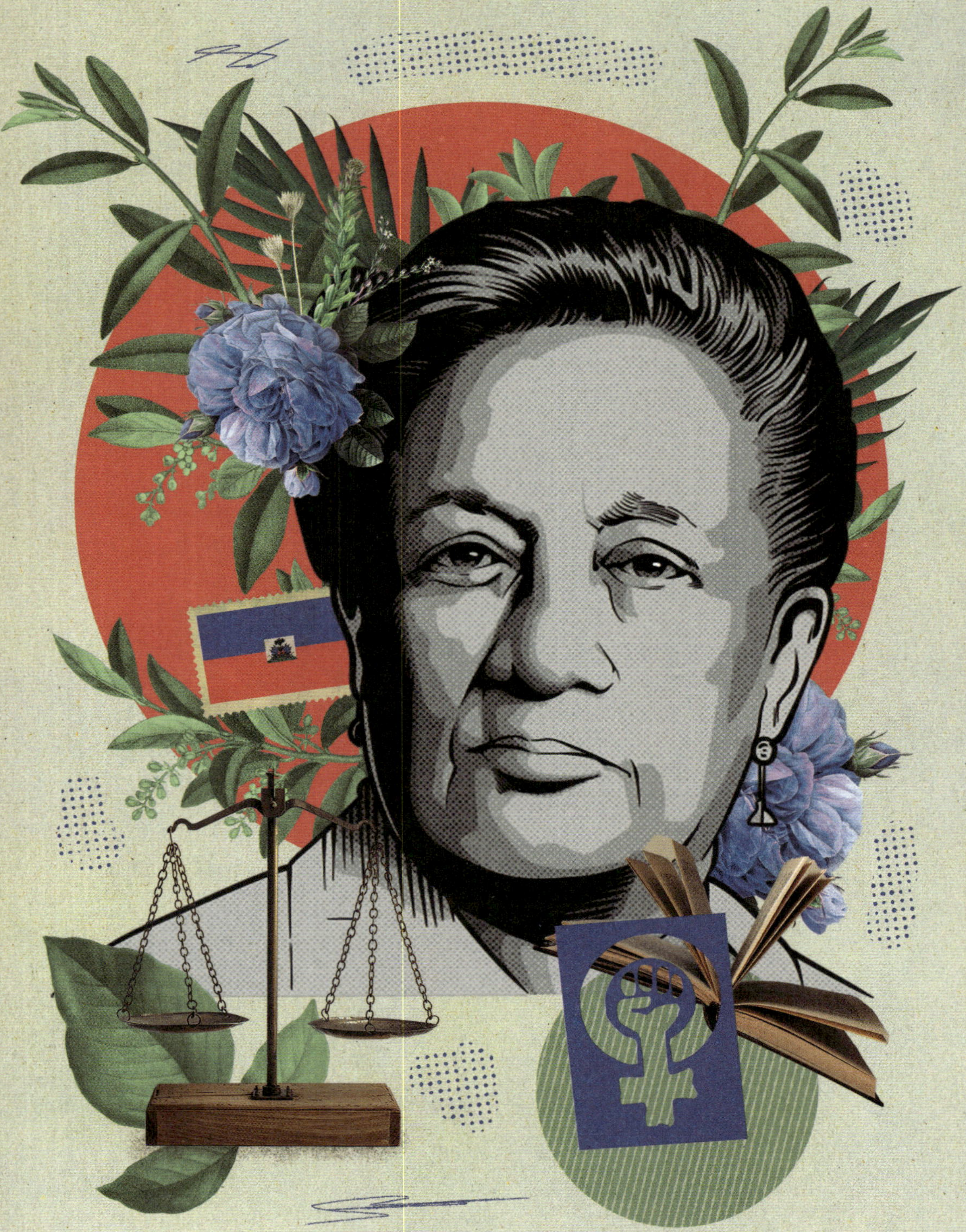

HAITI

ALICE GAROUTE

1874 [CABO HAITIANO] • 30.10.1950 [PORTO PRÍNCIPE]

Devemos fazer desfiles, manifestações! Eles podem abater oito de nós, mas não podem abater oitocentos!

Em dia e mês que ninguém sabe dizer nasceu Alice Thézan, filha de mãe preta e de pai branco. No Haiti, essa mistura raramente acontecia e, por isso, a menina surgiu no mundo já se destacando.

A família materna tinha fama de rebelde. Entre os parentes, havia ativistas políticos, e comentam que, por precaução, a mãe de Alice carregava um revólver por baixo do corpete. Ela se mantinha sempre atenta, pois havia a chance de algum inimigo estar de olho e ela, a qualquer momento, precisar se defender.

Devido aos conflitos políticos e sociais que ocorriam no Haiti, a família deixou o país e se exilou em Kingston, na Jamaica. Viveram em paz em uma comunidade de refugiados haitianos por alguns anos. Quando Alice chegou à adolescência, eles regressaram ao país de origem.

Antigamente, o namoro e o casamento eram grandes acontecimentos na vida dos jovens da classe social de Alice. As meninas eram preparadas desde o nascimento para isso. Os pretendentes também deveriam ter seus encantos, mais ou menos como nas histórias de princesas e príncipes cheios de virtudes.

Alice encontrou um par, mas o casamento não teve um final feliz. Ela se divorciou, algo difícil para as mulheres daquela época, pois se tornavam alvo de maledicências, manchando o nome da família para sempre. A família de Alice, porém, não era como qualquer outra, e apoiou a decisão.

Contrariando o destino das divorciadas, que viviam fechadas para o resto da vida na casa dos pais, Alice se casou uma segunda vez e adotou o sobrenome do marido. Auguste Garoute era um advogado viúvo, com cinco filhos pequenos.

Foram morar em Jeremias, a cidade de Auguste. Alice Garoute demorou para ser aceita pela sociedade rica do lugar. Aos poucos, mostrou ser uma pessoa educada, inteligente e responsável pela família que assumira. A carreira de seu marido, por sua companhia e influência, além do mérito dele, evoluiu brilhantemente: ele se tornou juiz da mais alta corte do Haiti.

Entre os amigos do casal havia artistas, escritores e políticos. Alice e Auguste os recebiam em sua magnífica casa, com bailes luxuosos, festas ao ar livre, debates intelectuais e encontros para leitura. Apesar de todo esse glamour, Alice sabia muito bem que o Haiti não era nem de longe um país das maravilhas.

O Haiti sempre foi muito pobre. Hoje, é a nação mais pobre da América Latina e uma das mais pobres do mundo. Sua história é povoada de infelicidades; uma delas é a violência contra as mulheres, principalmente as da classe baixa, e que ocorria com muita frequência no tempo de Alice. Ela aproveitava as recepções para conversar com os convidados mais influentes e chamava-lhes a atenção para esses acontecimentos. Sua intenção era sensibilizá-los para a causa feminista.

Nos encontros literários, Alice e suas amigas conheceram as obras das primeiras feministas francesas. Por meio de contos populares, aprenderam a história de uma valorosa rainha africana, ancestral das haitianas, e leram a biografia de Catherine Flon, a heroína da independência do país. Elas, então, se perguntaram: por que a força da mulher haitiana está trancafiada dentro dos livros? Bolaram um plano e o colocaram em prática.

CATHERINE FLON

Em 1803, durante um encontro de grupos revolucionários a favor da independência do Haiti em relação à França, o padrinho de Catherine Flon rasgou a parte branca da bandeira francesa e a entregou a Catherine para que a costurasse. Ela uniu as cores vermelha e azul usando uma agulha e os fios de seu próprio cabelo. Essa veio a ser a primeira bandeira da República Negra Independente do Haiti. Catherine não foi somente uma costureira, mas também uma colaboradora resoluta da Revolução Haitiana (1791-1804), da qual participou como enfermeira. Ela se tornou um mito, simbolizando a força de todas as mulheres haitianas que lutaram pela independência.

A LUTA FEMINISTA

Enquanto ajudavam as mulheres e suas famílias com trabalho, escola e proteção, Alice e suas amigas mexiam seus pauzinhos. Enfronhadas no meio social, sugeriram o direito feminino ao voto e pediram a inclusão de outros benefícios civis para as mulheres.

Depois de muito esforço e de bastante tempo, elas tinham a expectativa de saírem vitoriosas, afinal, o voto feminino daria a chance para a eleição de novos políticos que apoiariam sua causa. Porém, quando a Constituição de 1932 foi publicada, ela estabeleceu que somente os homens teriam direito ao voto. Nenhum de seus pedidos foram atendidos.

Sem esmorecer, decidiram formar vínculos com movimentos de fortalecimento da mulher nos Estados Unidos e em países da América Central. Organizaram-se e conseguiram aprovar, em 1934, a fundação da Ligue Féministe d'Action Sociale (LFAS) para buscar "a melhoria da saúde e das condições econômicas e sociais das mulheres haitianas". Alice foi presidente da liga a partir de 1941.

Naquela época, no Haiti, cerca de 80% das crianças e jovens não tinham oportunidade de estudar. Aqueles que conseguiam uma vaga nas poucas escolas que existiam pertenciam às classes sociais mais altas, pois não havia escolas públicas. A desigualdade na formação das pessoas continua sendo um desafio para o Haiti se desenvolver como nação até os dias atuais.

Em 1950, ocorreu o Primeiro Congresso de Mulheres Haitianas. Alice fez um discurso comovente sobre a educação das mulheres no país e queixou-se do fato de ainda serem tratadas como "incapazes e crianças". Demonstrou que as mulheres que haviam estudado nos últimos dez anos em três escolas particulares que as aceitaram haviam se saído tão bem quanto os homens.

Naquele mesmo ano, Alice morreu, mas a história do feminismo haitiano não terminou ali. Nossa personagem deixou plantadas boas sementes que aguardaram o momento propício para germinar. Em 1957, finalmente, as mulheres haitianas conquistaram o direito ao voto.

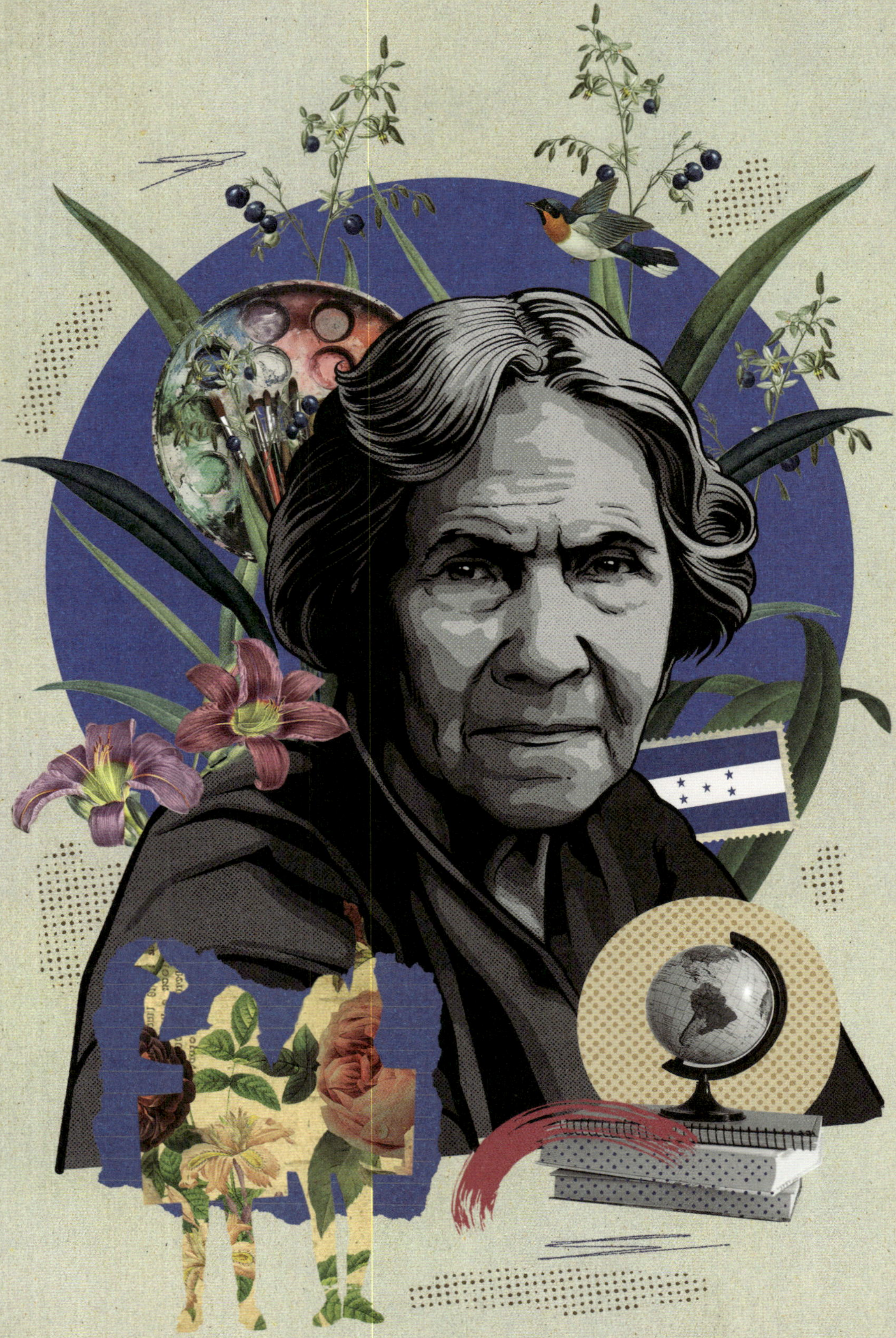

HONDURAS
TERESA VICTORIA FORTÍN FRANCO
17.11.1885 [YUSCARÁN] • 19.1.1982 [TEGUCIGALPA]

Continuei pintando mais e mais.

Montserrat e as outras colinas recheadas de ouro, prata e metais preciosos de Yuscarán viram nascer Teresa Victoria Fortín Franco. A cidade ainda não tinha luz elétrica e, de todas as casas coloniais da época, cerca de duzentas ainda estão de pé.

Teresa era de uma família antiga e abastada e, assim sendo, foi para Tegucigalpa, capital de Honduras, para estudar. Tinha uma personalidade serena e talento para o desenho, mas a carreira de artista não era acessível para as mulheres. Então, Teresa se tornou professora primária.

Em 1930, adoeceu e precisou fazer um longo repouso. Tentando se distrair, providenciou telas e tintas e aprendeu a pintar sozinha. Foi desse jeito autodidata que criou seus primeiros quadros realistas com tinta a óleo.

Mesmo sem nunca ter havido uma mulher pintora em Honduras, atreveu-se a deixar de ser professora para estudar arte. Seus professores foram artistas que estudaram na Europa, e isso era realmente especial naquele tempo. Foi uma aluna tão incrível que virou professora de novo, mas dessa vez na Escuela Nacional de Bellas Artes, onde experimentava todos os estilos, técnicas e materiais possíveis.

Ela foi pioneira na arte feminina em Honduras. Não deu a mínima para o que achavam ou deixavam de achar adequado para uma mulher e, com 46 anos de idade, fez sua primeira exposição.

SURGE UM NOVO ESTILO

Perto da fronteira de Honduras com a Guatemala está a cidade de Copán, o maior sítio arqueológico do período clássico da civilização maia, com quase 2.500 anos de idade. Em abril de 1934, Copán foi sacudida por um forte terremoto que quase a destruiu e que também danificou as ruínas das construções pré-colombianas. Teresa foi uma das artistas que colaborou para a restauração do lugar, em uma missão vinda do Peabody Museum of Archaeology and Ethnology, dos Estados Unidos, em 1938.

Quatro anos depois, se juntou a um grupo de artistas da Itália para a restauração das imagens religiosas da Catedral Metropolitana de San Míguel Arcángel, de autoria do mais importante pintor colonial hondurenho. Influenciada por esse trabalho, pintou figuras religiosas delicadas, sem os exageros do estilo barroco.

POVOS PRÉ-COLOMBIANOS

A era pré-colombiana é composta pelas culturas que existiam nas Américas Central e do Sul antes da chegada do explorador e navegador italiano Cristóvão Colombo, em 1492. Os povos desse período, como os incas, os maias e os astecas, viveram em sociedades organizadas. A agricultura, a astronomia, a matemática e a contagem do tempo em calendários precisos estão entre os conhecimentos que possuíam. A arte que produziam consistia em pinturas, ourivesaria e esculturas de argila e pedras. A construção de pirâmides e templos comprova seu domínio da arquitetura.

A partir 1940, passeou nas paisagens impressionistas. Em 1961, o quadro *Campo* mostrou o que representaria seu gênero artístico mais virtuoso, o *naïf*, sendo considerada um dos expoentes desse estilo na América Central.

Foi vencedora do Premio del Salón Anual del Instituto de Cultura Interamericana e sua arte cruzou fronteiras. Guatemala, Espanha, Itália e Estados Unidos tiveram a oportunidade de conhecer a pintora hondurenha Teresa Fortín. Uma reportagem na revista alemã *Spiegel* foi dedicada a seu trabalho.

Teresa também refletiu sobre a história de seu país. No início dos anos 1920, guerras civis eclodiram em Honduras, e suas obras exibiram a face desses conflitos. No quadro El escudo de la patria, ela retrata o país dividido por um rio. Do lado esquerdo, pintou uma cena com belezas naturais e pessoas tranquilas no campo. Na margem oposta, um cenário de guerra e destruição. Na tela La guerra y la paz, ilustrou novamente uma cena bucólica em oposição à violência.

Aos 93 anos, expôs a coleção Mi Vida, composta de 36 obras. São quadros de memórias pessoais, incluindo seu Autorretrato. Dois anos mais tarde, em 1980, ganhou o prêmio mais importante de Honduras, chamado Pablo Zelaya Sierra, consagrando-se definitivamente.

No tempo de Teresa, apenas filhos homens recebiam herança da família. As mulheres precisavam se casar com alguém de condição econômica favorável, pois o mercado de trabalho estava fechado para elas. Sendo mulher e não tendo casado, empobreceu.

Foi entre encontros e desenganos com a vida que Teresa Fortín venceu a misoginia, ignorou os estereótipos femininos e deixou uma herança cultural preciosa.

Todos que estudam arte em Honduras aprendem sobre a vida e a obra de sua primeira e mais importante pintora.

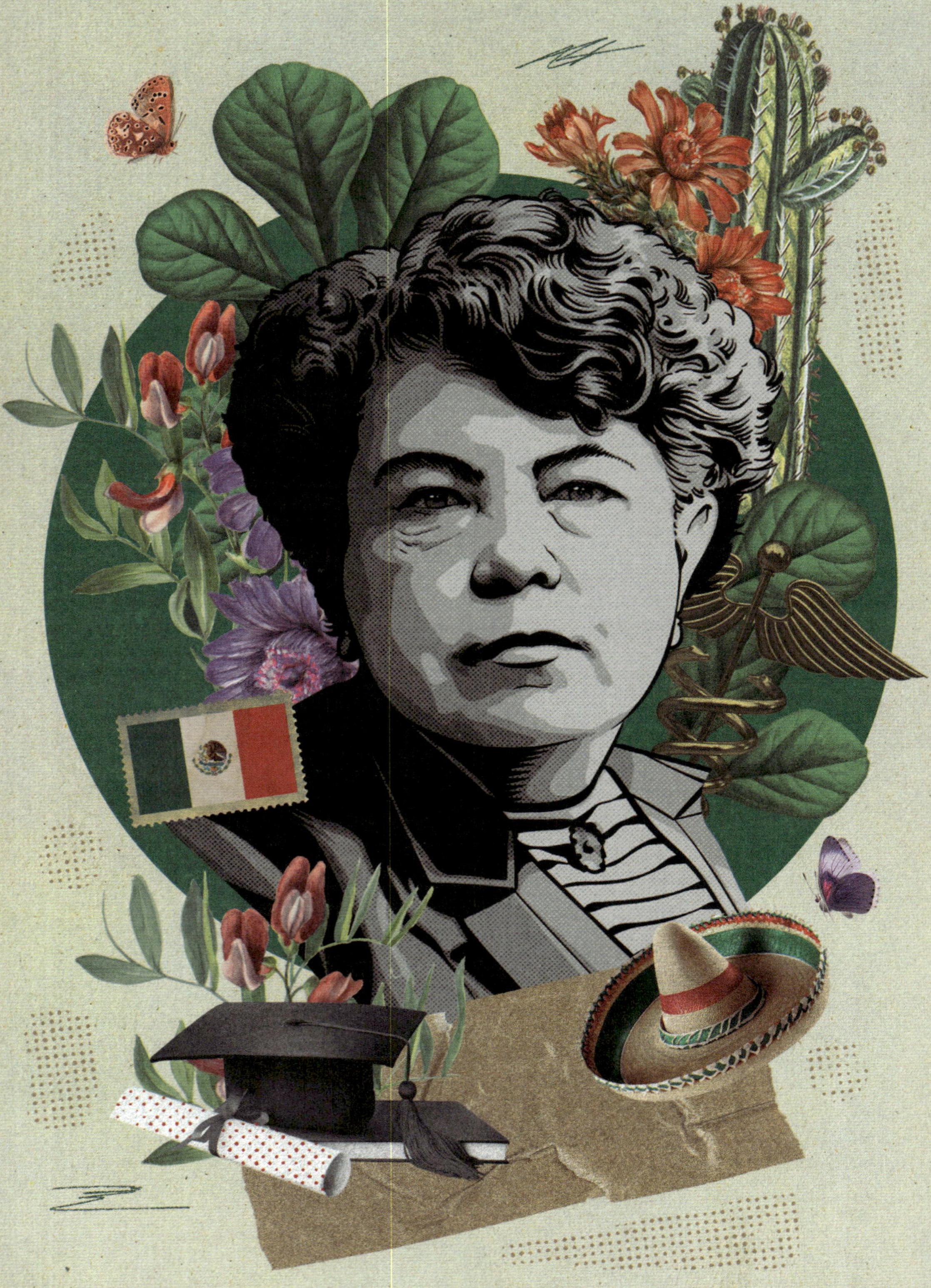

MÉXICO

MATILDE PETRA MONTOYA LAFRAGUA

14.3.1859 [CIDADE DO MÉXICO] • 26.1.1939 [CIDADE DO MÉXICO]

Homens e mulheres devem ter os mesmos direitos intelectuais e civis.

A confusão estava garantida para qualquer mulher que decidisse ser independente no tempo de Matilde Montoya. Ela escolheu ser médica em uma época em que vigorava a ideia de que as mulheres não precisavam estudar medicina porque "já nasciam sabendo como tratar de uma alma sofredora ou curar corações feridos". Na verdade, o que queriam dizer era que, em determinados espaços, mulheres não eram permitidas.

Matilde foi uma criança-prodígio. Lia e escrevia com quatro anos de idade. Foi ensinada primeiro por sua mãe, dona Soledad, que era proibida pelo marido de sair de casa. Pensando em uma vida com mais horizontes para a filha, empenhou-se em sua educação e fez com que ela frequentasse aulas com professores particulares. Quando tinha treze anos, Matilde passou nas provas para ser professora no ensino primário. Entretanto, não permitiram que lecionasse por causa da pouca idade.

Como ainda era muito jovem para prosseguir os estudos em nível superior, dona Soledad a incentivou a cursar obstetrícia na Escuela Nacional de Medicina de México, onde se formou aos dezesseis anos. Em seguida, trabalhou como parteira e assistente de cirurgia em uma maternidade que atendia mães pobres e solteiras.

Aos dezoito anos, Matilde mudou-se para a cidade de Puebla. Tinha experiência e carinho para oferecer e até mais conhecimento do que alguns médicos e parteiras do lugar. Se, por um lado, era uma parteira querida por muitos, por outro também se tornou presença indesejada para alguns médicos. Eles passaram a difamá-la: publicavam artigos em jornais afirmando que ela não era uma parteira confiável, entre outras

> ### A PRIMEIRA UNIVERSIDADE DE MEDICINA
>
> A Escuela Nacional de Medicina de México, criada em 1646, foi o departamento de ensino de ciências da Real y Pontifícia Universidade de México. Essa universidade, fundada no século XVI, é a mais antiga do continente americano, pioneira na formação de profissionais para a saúde. A faculdade de medicina foi inaugurada em 1579.

infâmias. Eram fofocas tão maldosas que Matilde não suportou a pressão e partiu.

Seu sonho era frequentar a faculdade de medicina, numa época em que nenhuma mulher mexicana havia conseguido isso. Solicitou sua admissão, mas as portas se fecharam para ela. Não havia uma lei que proibisse as mulheres de seguirem uma carreira liberal, como medicina ou direito, pois o que se pensava era que elas invariavelmente deveriam estar à disposição da casa e da família. Foi contra essa visão que Matilde lutou.

Ela tinha tanta certeza de que queria ser a primeira médica de seu país que, junto com sua mãe, escreveu ao presidente do México para pedir que ele a ajudasse. E não é que deu certo?

Em 1882, foi aceita no curso de medicina. Sofreu muita discriminação. Seus colegas a chamavam de "impura, mandona, atrevida e perigosa". Tentaram impedi-la de participar das aulas de dissecação. Acusaram Matilde de falta de pudor e questionaram o fato de uma mulher ficar diante de um corpo nu junto de colegas e professores homens. Teve que suportar piadas, críticas e protestos por ser a única mulher do departamento.

PRIMEIRA E ÚNICA

No ano de 1887, Matilde recebeu o título de médica-cirurgiã, mudando a história da medicina no México. Mas não foi fácil. Para conseguir o diploma, ela teria que passar por duas provas, uma oral e outra prática. A primeira costumava ser realizada no luxuoso Salón Solemne de Exámenes Profesionales, que tinha acomodações para o júri, professores e público. Mas, para Matilde, fizeram diferente: reservaram um espaço menor e sem graça, na intenção de diminuir a importância de sua vitória. Uma incrível reviravolta, porém, ocorreu. Pouco antes do início do exame, um mensageiro comunicou que o presidente e uma comitiva oficial estavam a caminho para assistir à apresentação de Matilde. O Salón Solemne teve que ser preparado às pressas, e o que se viu foi a aprovação de Matilde por unanimidade.

A prova prática se deu no dia seguinte no Hospital de San Andrés. Matilde visitou pacientes e respondeu a perguntas sobre o estado de saúde de cada um. Em seguida, no anfiteatro, realizou procedimentos cirúrgicos solicitados pelos examinadores. Novamente sua aprovação foi unânime. Nesse dia, o presidente não estava lá, mas enviou um representante, que levava no bolso um discurso, lido diante de todos.

A maioria dos jornais festejou Matilde. Seu feito abriu o caminho para outras mulheres.

Doutora Matilde Montoya trabalhou para seu país durante a Revolução Mexicana e, nas décadas seguintes, atendeu pacientes de todas as classes sociais. Foi membro de organizações feministas como o Ateneo Mexicano de Mujeres e Las Hijas de Anáhuac.

Em 1925, fundou uma associação médica feminina, pois as mulheres ainda não eram aceitas nas associações masculinas já existentes. Atualmente, elas são cerca de 40% do corpo médico no México e correspondem a 65% da força de trabalho do setor da saúde, algo bem diferente da realidade do século XIX.

REVOLUÇÃO MEXICANA

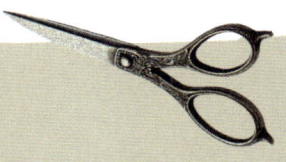

Havia muita insatisfação das classes mais pobres da população do México com o longo governo da ditadura do presidente Porfirio Díaz. Suas políticas de governo favoreciam os industriais e os latifundiários, causando profundas desigualdades no país. Em 1910, camponeses liderados por Emiliano Zapata e Pancho Villa entraram em um confronto armado com o governo e, em 1911, o presidente foi deposto. Esse conflito violento durou vários anos, e os historiadores consideram que a revolução chegou ao fim em 1917, com a publicação da Constituição do México. Esse documento estabeleceu algumas mudanças, como reforma agrária, a nacionalização da economia e os direitos trabalhistas. Contudo, a estabilização do regime e os embates entre as forças políticas do país perduraram por mais duas décadas.

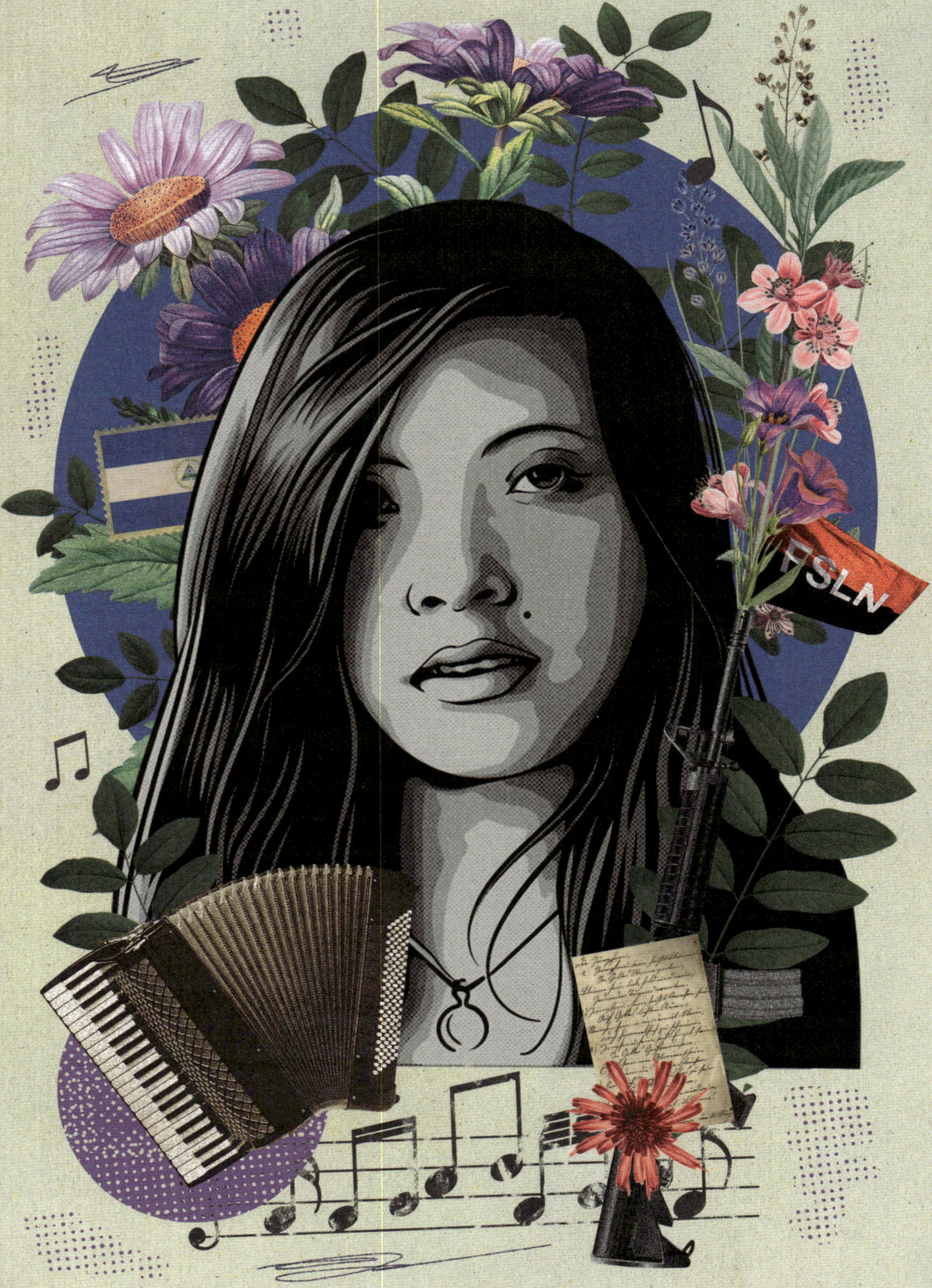
FSLN

NICARÁGUA
ARLEN SIU BERMÚDEZ
15.7.1955 [JINOTEPE] • 1.8.1975 [LEÓN]

Somos capazes de dar muito mais do que nos pedem.

Você pode achar estranho que uma garota nascida em um país da América Latina tenha um sobrenome chinês. Pois saiba que o pai de Arlen nasceu na China e serviu ao Exército Nacional Revolucionário Chinês nos anos 1940, emigrando depois para a Nicarágua. Lá, casou-se com Rubia Bermúdez e juntos formaram uma família com sete filhos. Arlen foi a segunda a nascer.

Ela cresceu se dando bem com os irmãos e com os muitos amigos que fez. Era apaixonada por música desde menina. Aprendeu a tocar acordeão, violão e flauta.

O olhar de Arlen se voltou para os desfavorecidos a partir de sua devoção religiosa. Nos anos 1970, surgiu na Igreja Católica um movimento chamado teologia da libertação, que afirmava que os ensinamentos de Jesus Cristo pregavam a libertação dos pobres das injustiças econômicas, políticas e sociais. Essa corrente foi muito difundida na Nicarágua e incentivou a população a lutar por mudanças. Arlen seguiu a favor de seu povo, talvez guiada pelo instinto revolucionário que herdara de seu pai.

Entre 1934 e 1979, a Nicarágua foi governada pela dinastia da família Somoza. No tempo de Arlen, o governante era Anastasio Somoza Debayle, um ditador apelidado de Diabo da Nicarágua. O Exército estava sempre nas ruas para silenciar qualquer manifestação popular.

Na verdade, problemas políticos se espalhavam por toda a América do Sul nos anos 1970, e o Brasil também vivia sob uma repressora ditadura militar. Ser revolucionário era quase um estilo de vida para os jovens daquele tempo. Eles criticavam e davam seu recado de resistência para os governos autoritários de seus países por meio da "música engajada" ou da "nova canção", como ficou mais conhecido esse estilo musical. As letras das canções denunciavam os problemas, uniam os países e valorizavam personagens históricos que lutaram por transformações. Inspirada no folclore dos camponeses, essa arte era sinônimo de protesto.

Arlen participava de manifestações com o violão em punho e cantava seus versos de protesto, denúncia e amor a seu povo. Aos poucos, a "chinesinha de Jinotepe" se tornou conhecida nacionalmente.

Sua preocupação permanente com os pobres também a levou a compor. Durante seu ativismo político, fez fama como violonista, cantora e compositora. A "nova canção" que criou, chamada *María Rural*, vive nos corações dos nicaraguenses até os dias de hoje. Esta é a primeira estrofe:

> Pelos caminhos do campo
> Você carrega seu penar
> Seu penar de amor e choro
> Em seu ventre de argila e terra.

CANTOS DE LIBERDADE

As mulheres latino-americanas, com enorme talento literário e de interpretação, fizeram reivindicações sociais usando a música como arma de combate em um movimento conhecido como "*la nueva canción*". As composições de María Elena Walsh – uma delas chamada *Como la cigarra* – foram interpretadas por Mercedes Sosa, a grande divulgadora da "nova canção" na América Latina. Ambas eram argentinas. A chilena Violeta Parra também denunciou arbitrariedades do governo, e a mexicana Amparo Ochoa cantava para reclamar direitos às mulheres. Uma das canções compostas pela musicista Sara González homenageia o argentino Che Guevara, um dos nomes mais conhecidos da Revolução Cubana.

PROFESSORA E REVOLUCIONÁRIA

Quando se formou professora, Arlen começou a ensinar os camponeses a ler e a escrever. Quanto mais o tempo passava, mais ela se identificava com sua gente. Cursou psicologia social na Universidad Nacional Autónoma de Nicaragua (Unam) e procurou um partido político ao qual se filiar.

A vocação revolucionária falou mais alto. Dona Rubia assistia à televisão quando Arlen, de repente, lhe disse que iria para a montanha juntar-se aos companheiros de luta. A mãe deu ordem para que ela jamais repetisse aquelas palavras; não acreditava que a filha fosse capaz de abandonar sua casa. Era na montanha, dentro da mata fechada, que os combates armados entre os membros da Frente Sandinista de Liberación Nacional (FSLN) e as Forças Armadas do governo aconteciam.

FRENTE SANDINISTA DE LIBERACIÓN NACIONAL

Augusto César Sandino é considerado o herói da resistência à ocupação militar dos Estados Unidos na Nicarágua nas primeiras décadas do século XX. O grupo político de seguidores de Sandino, a FSLN, contando com a adesão de jovens estudantes, trabalhadores e camponeses ao movimento, depôs o presidente em 1979, acabando com 46 anos de ditadura na Nicarágua. A FSLN governou a Nicarágua até 1990 e Daniel Ortega, um de seus representantes, foi eleito presidente em 2006, 2011, 2016 e 2021.

Os irmãos de Arlen também eram sandinistas e apoiaram sua decisão de partir. Depois de três dias, vendo a preocupação da mãe, os irmãos entregaram o bilhete de despedida que Arlen lhes deixou. Ele terminava assim: "podemos alcançar o que é proibido ou impossível".

Dois anos se passaram até que a notícia de sua morte chegou, uma das primeiras da guerrilha. Arlen Siu se tornou um símbolo da revolução que tomou o poder em 1979, quando a tentativa de construção de uma nova realidade se iniciou na Nicarágua.

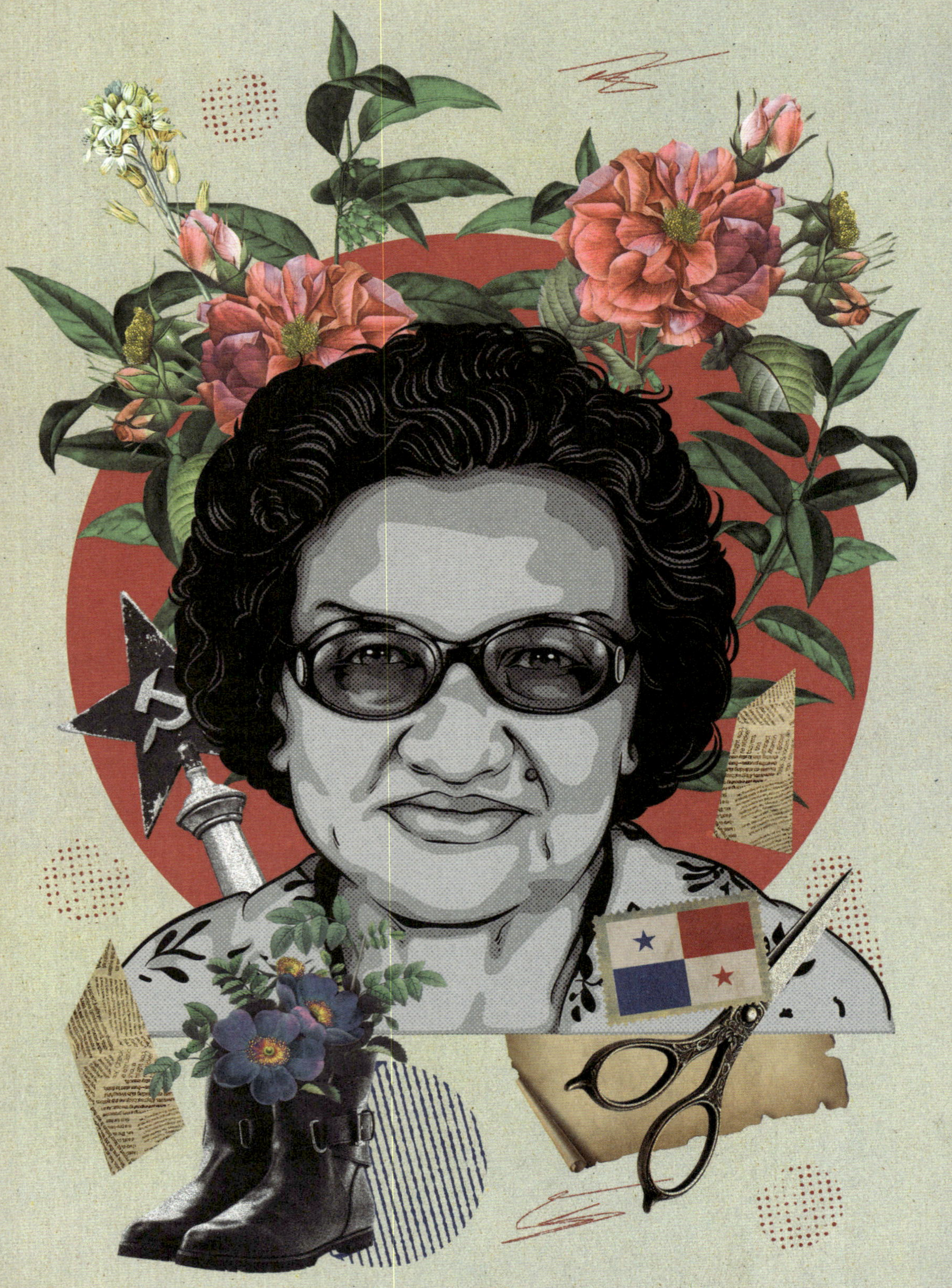

PANAMÁ

MARTA MATAMOROS

17.2.1909 [CIDADE DO PANAMÁ]
28.12.2005 [CIDADE DO PANAMÁ]

O caminho é a organização.

Você já ouviu dizer que o nome é o primeiro presente que ganhamos? Marta Matamoros recebeu esse presente bonito, sonoro e bem arrematado ao sobrenome.

A ponta do fio que costurou a história de Marta veio da Costa Rica. Gonzálo e Josefa, seus pais, nasceram lá. Estavam casados quando Gonzálo, que era músico, recebeu um convite para tocar na Banda Republicana. Os dois foram começar vida nova nas bandas do Panamá.

Filha única, Marta observava a rotina de trabalho da mãe. A tarefa de cuidar da casa era parecida com o vaivém das formigas que a menina, curiosa, também espiava. O pai povoou seus sonhos de infância com histórias da Revolução Francesa.

REVOLUÇÃO FRANCESA

Uma figura feminina personifica a República Francesa e seus valores. A pintura mais famosa sobre a Revolução Francesa, *A Liberdade guiando o povo*, criada em 1830 pelo artista Eugène Delacroix, expressa os ideais de liberdade, igualdade e fraternidade que guiavam a revolução.

Em 5 de outubro de 1789, 7 mil mulheres marcharam catorze quilômetros em seis horas sob chuva, protestando contra a escassez e o aumento do preço do pão. A Marcha das Mulheres sobre Versalhes, como ficou conhecida, foi realizada pelas vendedoras de peixe e outras mulheres do povo, marcando o início da participação feminina no processo revolucionário e na cena política francesa.

Marta cresceu sem concluir o curso secundário porque precisou trabalhar para ajudar a família. Ela foi sapateira, depois costureira e aprendiz de alfaiate na fábrica de roupas El Corte Inglés. Naquela época, a maioria da mão de obra da indústria têxtil era feminina. As costureiras trabalhavam doze, treze horas por dia em cubículos fechados e em condições desumanas. Seus salários correspondiam a um terço ou a um quarto do valor que era pago aos homens; e, quando engravidavam, tinham que costurar até o dia do parto. Além disso, se não voltassem logo depois, perdiam o emprego.

Marta não conseguia ficar indiferente a isso. Em 1945 ingressou no Sindicato de Sastres y Similares e liderou lutas importantes em favor dos trabalhadores panamenhos.

No ano seguinte, as costureiras do Bazar Francês fizeram uma grande mobilização para exigir dos empregadores salários e condições de trabalho melhores. Todos os pedidos foram rejeitados. Contudo, o sindicato, liderado por Marta, contra-atacou, decretando uma greve que durou 38 dias. O governo considerou a greve ilegal, e Marta foi demitida. Mesmo assim, essa experiência se mostrou positiva, porque reforçou a importância da solidariedade entre os diferentes sindicatos de trabalhadores.

O LEGADO DE MARTA

Marta foi eleita secretária-geral da Federación de Trabajadores de Panamá em 1952, período em que sofreu perseguições políticas e processos judiciais. Seu nome estava na mira da inteligência do governo do presidente José Antonio Remón Cantera, conhecido pela repressão ao movimento sindical.

Certa vez, no sindicato, as companheiras fizeram um círculo a sua volta para impossibilitar a prisão de Marta, mas não conseguiram. Ela ficou encarcerada por 99 dias na Cadena Modelo, catorze deles na *macarela*, uma cela para castigos. Os outros detentos protestaram gritando e abrindo as torneiras, pois sabiam que o único "crime" dela havia sido apoiar uma greve de motoristas.

Preferiu o ideal revolucionário ao casamento, dizendo aos pretendentes: "Não importa que me prendam porque não tenho filhos; prefiro deixar um legado em defesa das mulheres". Manteve as amizades do tempo do sindicato por toda a vida, sempre repetindo: "O básico em qualquer luta é fortalecer a organização, dividir responsabilidades, estabelecer uma comunicação adequada. Não há objetivo possível sem organização".

Marta fez das costureiras uma família. Ela dedicou sua vida à luta sindical e fundou, em 1977, a Unión Nacional de Mujeres Panameñas (Unamup). Para ela, a vida familiar estava ligada à vida comunitária e à vida política.

Marta conseguiu benefícios para as costureiras como ela e para toda a classe trabalhadora de seu país. Graças a seu ativismo, as panamenhas conquistaram o direito à licença-maternidade de catorze semanas, que fez parte da primeira legislação trabalhista do Panamá.

Em maio de 2006, o Governo da República do Panamá criou a condecoração nacional Ordem Marta Matamoros para destacar todas as mulheres que lutam pelos direitos humanos, sociais, trabalhistas e de igualdade de gênero. O nome Marta Matamoros é mais do que um presente, é um tributo a uma mulher que honrou não somente sua própria origem, mas a de todo o povo de seu país.

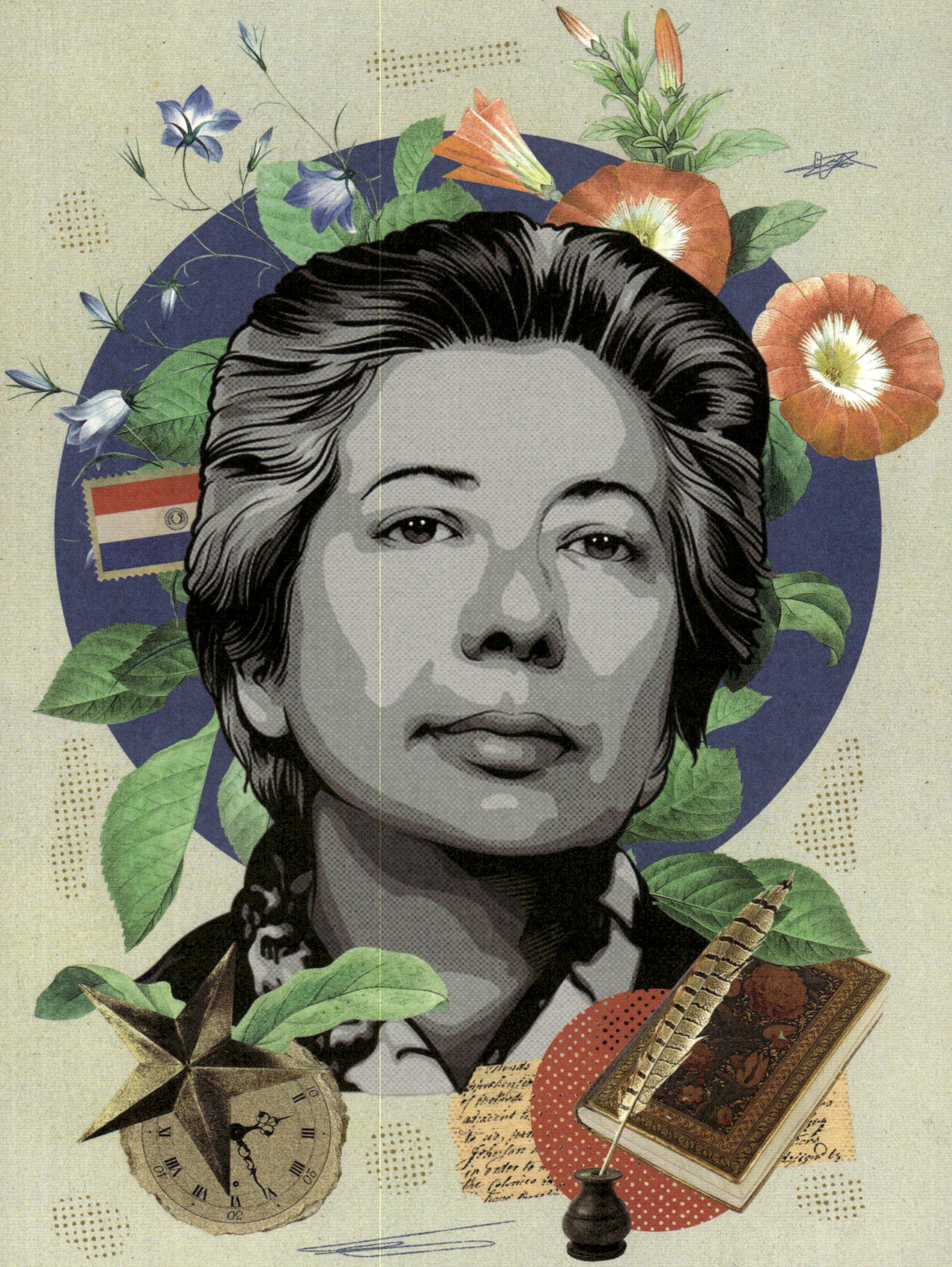

PARAGUAI

CARMEN SOLER

4.8.1924 [ASSUNÇÃO] • 19.11.1985 [BUENOS AIRES]

Não há nada mais belo do que viver e morrer lutando por uma causa justa.

Nas famílias o apelido é um tipo de afago. Os filhos de Miguel e Carmen tinham nomes carinhosos. Dalila era Laly; Yolanda, Yoyi; Miguel Ángel, Papucho. Carmen Gladys, a caçulinha, era Mamacha.

Carmen e os irmãos aprenderam sobre liberdade de pensamento, amor ao próximo, cidadania e igualdade de oportunidades. Naquela casa havia o sentimento de importar-se profundamente com todos, não apenas com a própria família.

Os Soler se dedicaram ao ativismo político e à vida pública. Miguel Ángel Soler, o pai, foi membro do Partido Revolucionario Febrerista e ministro das Relações Exteriores do Paraguai na chamada Primavera Democrática. Enquanto o pai atuava como embaixador na Argentina, Carmen presidiu o Centro de los Estudiantes del Colegio Ward, em Buenos Aires.

Quando a família retornou ao Paraguai, Carmen terminou o Ensino Médio no Colegio Internacional de Asunción, onde escreveu seus primeiros

PRIMAVERA DEMOCRÁTICA

Em 27 de julho de 1946, o ditador Higinio Morínigo formou um governo de coalizão com forças políticas do Partido Colorado, do Partido Revolucionario Febrerista e membros das Forças Armadas. Políticos exilados retornaram ao país com a promessa de garantia de liberdade política e de revisão da autoritária Constituição de 1940. Essa abertura democrática durou seis meses e terminou com uma tentativa de golpe de Estado que levou o Paraguai à guerra civil.

poemas e artigos. Ainda adolescente, filiou-se ao Partido Revolucionario Febrerista, integrando o Bloque de Liberación contra o governo ditatorial do general Higinio Morínigo, ao lado de seus irmãos Laly e Papucho. Aos dezoito anos, se casou com Marco Aurelio Aponte, o Quiná.

O jovem casal se mudou para o chaco paraguaio. Carmen foi professora em uma escola rural, levando o ensino bilíngue de espanhol e guarani para a comunidade. Lá conheceu os problemas dos trabalhadores rurais, das mulheres camponesas e dos indígenas. Testemunhar a exploração, a marginalização e a opressão do povo revelou sua vocação para poeta militante e revolucionária.

Em 1946 nasceu sua única filha, Maria Eugenia, a Matena. Nesse ano Carmen criou, com Esther Ballestrino, a Unión Democrática de Mujeres (UDM), para defender os direitos políticos, econômicos, civis e sociais das mulheres e a paz mundial.

MÃES DA PRAÇA DE MAIO

Esther Ballestrino foi uma das fundadoras da Asociación Madres de Plaza de Mayo, uma organização de mães que tiveram seus filhos desaparecidos ou mortos no período da ditadura militar argentina, entre 1976 e 1983. A primeira manifestação aconteceu no dia 30 de abril de 1977: catorze mulheres usando lenços brancos na cabeça, simbolizando as fraldas de seus filhos, protestaram na Praça de Maio, em Buenos Aires, em frente à Casa Rosada, sede do governo.

UM NOVO RECOMEÇO

O fracasso da derrubada de Morínigo desencadeou uma perseguição violenta aos rebeldes. O irmão de Carmen foi preso e seu marido se refugiou na Argentina. Mamacha lutou pela liberdade dos prisioneiros políticos. No fim daquele ano, ela e a filha foram para o sul da Argentina para ficar com Quiná. Nos seis anos em que viveram entre as colinas da estepe e o mar da Patagônia, Mamacha escreveu poemas e deu palestras sobre a literatura e a cultura paraguaias.

Quando retornou ao Paraguai, em 1954, outro ditador estava no poder: Alfredo Stroessner.

Seguindo seus irmãos, ingressou no Partido Comunista Paraguayo (PCP) e juntou-se à Cruzada Paraguaya Contra la Bomba Atómica, um movimento liderado por seu pai. Em 1955, Carmen foi presa por participar desse levante, por pedir a paz mundial e por seus poemas subversivos.

No ano seguinte, o casamento com Quiná acabou. Tempos depois, foi exilada na Argentina e se casou com Carlos Luis Casabianca, o Lubi, seu companheiro até o fim da vida. Juntos, trabalharam na promoção de eventos culturais, venda de livros e na militância política. Carmen fazia esculturas, escrevia para jornais e era enfermeira voluntária.

Em 1968, ainda proibida de entrar em seu país, resolveu se arriscar para ir ao casamento da filha. Durante a cerimônia, foi capturada e levada aos calabouços de La Técnica, uma prisão que hoje abriga o Museo de las Memorias. Lá, iniciou uma greve de fome como resposta às torturas que sofria, e o caso ganhou fama. Artistas, legisladores e intelectuais do Uruguai, do Chile e da Argentina exigiram sua libertação, entre eles Pablo Neruda. Depois de trinta dias atrás das grades, obteve prisão domiciliar.

Mamacha trabalhou na Comisión de Derechos Humanos, denunciando ao mundo as condições dos presos políticos no Paraguai. Com a vida em risco, ela e o marido pediram asilo político e viveram por cinco anos na Suécia. Em Estocolmo, trabalhou como pesquisadora no Historiska Museet [Museu Histórico], dedicado à América Latina.

Com a saúde debilitada por causa de um câncer, Carmen regressou à Argentina e se reencontrou com a filha, os netos, os amigos e outros familiares. No pouco tempo de vida que lhe restava, escreveu, organizou, corrigiu e selecionou poemas para seu novo e último livro, *En la tempestad*, publicado meses depois de sua morte. Mamacha faleceu cercada de amor.

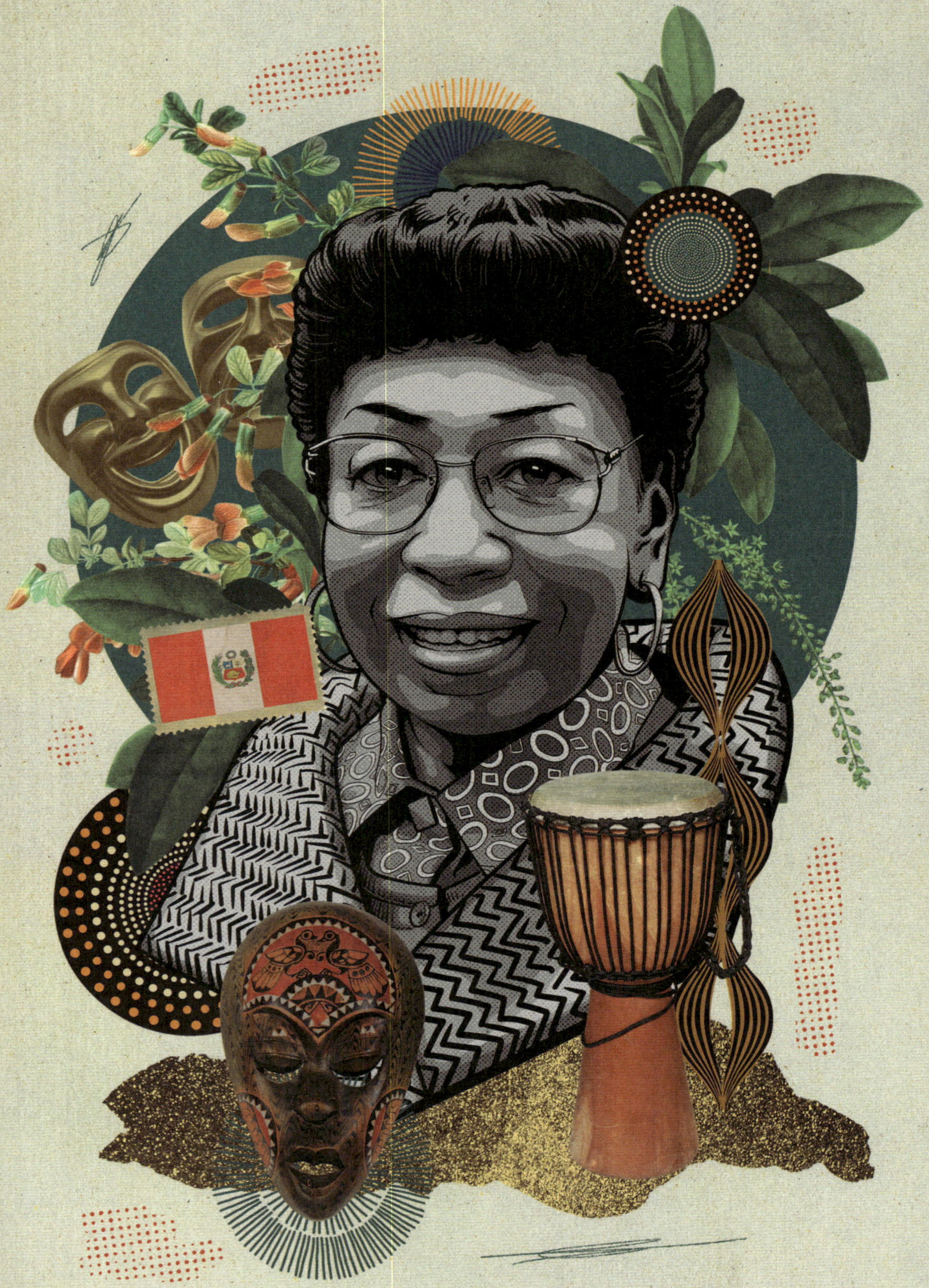

PERU

VICTORIA SANTA CRUZ

27.10.1922 [LA VICTORIA] • 30.8.2014 [LIMA]

Eu não ensino, eu toco.

Era uma vez um dramaturgo e uma bailarina de *marinera* que amavam os palcos. Um dia, se apaixonaram, se casaram e formaram uma família com dez filhos. Victoria era xará de sua mãe e tinha um irmão que era xará de seu pai, Nicomedes. Mas as coincidências não acabavam nos nomes: os irmãos Victoria e Nicomedes também se tornariam artistas, como os pais.

Quem passasse pela calçada em frente ao número 435 da rua Sebastián Barranca, no distrito de La Victoria, poderia ouvir a música clássica do alemão Richard Wagner, o preferido de Nicomedes pai; ou a voz de contralto de Victoria, a mãe, cantando uma canção *marinera*; ou, ainda, a batucada alegre dos filhos do casal, que jamais saiu das lembranças de infância da pequena Victoria.

Os Santa Cruz eram os únicos pretos do bairro; todos os outros moradores eram mestiços. Até que, pela primeira vez, uma família branca se mudou para lá. Como fazia todos os dias, a menina Victoria, de cinco anos, foi brincar na rua e deu de cara com uma criança branca que tinha acabado de chegar na vizinhança.

"Se essa negra brincar, eu vou embora", disse a recém-chegada. Qual não foi a surpresa de Victoria ao ouvir de suas amigas a ordem para que fosse embora. Quando adulta, em uma entrevista, Victoria contou que uma punhalada seria um carinho se comparada à dor que sentiu ao ser discriminada naquele dia.

Também não conhecia os sentimentos que surgiram naquele momento em seu coração. Passou a odiar e a querer se vingar de pessoas brancas, odiava os próprios cabelos, os lábios grossos, a cor de sua pele... A palavra "negra" martelava em sua cabeça e a machucou por anos.

O tempo foi passando e Victoria se deu conta de que tinha mesmo uma cor, mas uma cor que não mais a incomodava, que tinha ritmo, um ritmo incrível, de família. Então, decidiu começar a rir de quem a desprezava por ser "gente de cor".

O poema "Me gritaron negra" se tornou sua obra mais conhecida, sendo declamado e cantado como um hino até os dias de hoje, pelo mundo todo.

AFRO-LATINO-AMERICANA

Fundada em 1958, Cumanana foi a primeira companhia negra de teatro do Peru. O objetivo era tirar a cultura africana do esquecimento. Victoria e seu irmão Nicomedes foram os autores desse projeto que deu evidência ao folclore e às tradições dos negros peruanos.

Três anos depois, o governo da França premiou Victoria com uma bolsa de estudos em Paris. Lá, ela foi aluna da Université du Théâtre des Nations e da École Supérieur des Études Chorégraphiques, além de criadora e desenhista de figurinos de peças teatrais. Também aprendeu coreografia e estudou cinesia, os movimentos do corpo.

Em 1967 voltou para Lima, capital de seu país, e começou a fazer audições para o *Teatro y danzas negros del Perú*, um espetáculo com o elenco inteiro formado por jovens negros. Nada era exigido do candidato, a não ser ritmo. Victoria não desenvolveu um método único para ensinar os alunos, pois entendia que são a experiência – como a exclusão que ela mesma viveu – e a sensibilidade de cada um que determinam a aprendizagem. Assegurava que o teatro funcionaria como uma fonte de autoestima, com potência para influenciar positivamente o que era ser negro no Peru. O grupo se apresentou nos melhores teatros e na televisão.

Victoria foi uma mulher com uma causa. A cada iniciativa de que participava, a cultura afro-peruana ressurgia com mais e mais intensidade. Foi líder da delegação cultural do Peru nos Jogos Olímpicos de 1968, no México, um fato inédito para uma mulher negra de seu país, que, naquele ano, começou a viver sob um regime ditatorial.

Victoria excursionou para divulgar a arte africana e para combater o racismo, o preconceito e a discriminação em vários países, como Bélgica, Canadá, Dinamarca, Espanha, Estados Unidos, França, Israel, Itália, Rússia e Suíça, além de toda a América Latina.

Em 1980 se tornou uma lenda como professora visitante de teatro na Carnegie Mellon University, da Pensilvânia, nos Estados Unidos. Reconhecida por seu importante papel na inclusão da cultura negra como um dos alicerces culturais do Peru, dois anos depois iniciou sua carreira de dezessete anos como docente efetiva. As aulas de sua disciplina A Descoberta e o Desenvolvimento do Ritmo Interno eram disputadíssimas pelos alunos.

Na Pensilvânia, encenou o espetáculo *La muñeca negra* [A boneca preta] e o musical *An abandoned building in the Bronx* [Um edifício abandonado no Bronx], ambos de sua autoria. Compôs coreografias e ministrou aulas de movimento e de música para grandes nomes do teatro norte-americano. Também foi uma espécie de embaixadora da universidade em eventos internacionais sobre pan-africanismo, dança negra e medicina artística.

Victoria se aposentou em 1999 e voltou ao Peru, onde fundou a organização Salud, Equilibrio, Ritmo. O centenário de seu nascimento foi comemorado no Peru com muitas atrações. Setores da arte, cultura, educação e outras entidades públicas e privadas organizaram música, dança, filmes, fotografias, mesas redondas e muito mais para a celebração.

V é a letra da vitória, também de voz, vida, vigor, valentia e virtude. Viva, Victoria!

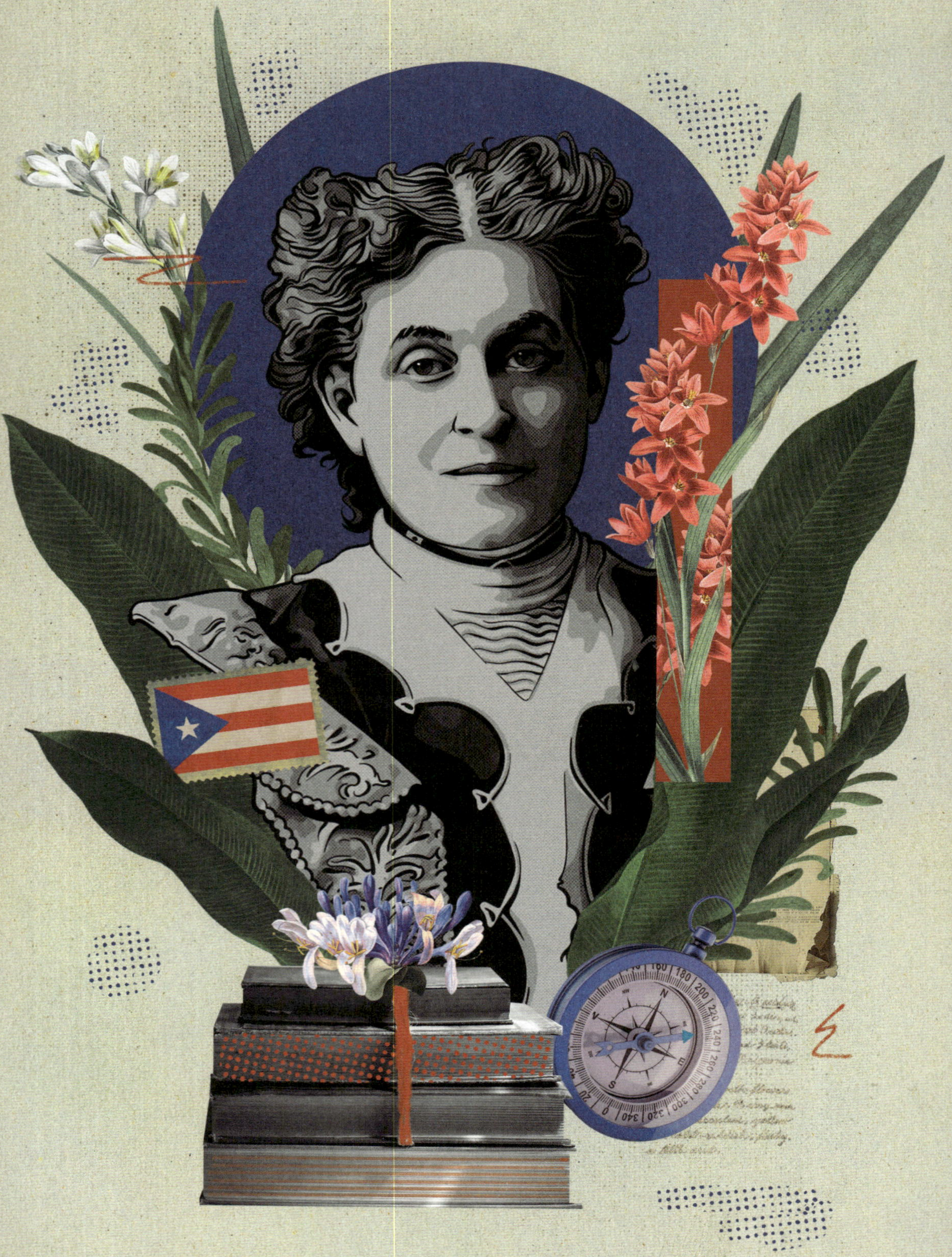

PORTO RICO

ANA ROQUÉ DE DUPREY

18.4.1853 [AGUADILLA] • 5.10.1933 [RÍO PIEDRAS]

Sou o eco do passado que vem despertar a mulher do futuro.

Ana Roqué nasceu em uma família de educadores. Filha única do casal Cristina e Ricardo, aos três anos já sabia ler. A vizinhança em Aguadilla oferecia doces e brinquedos para a pequena leitora. Tinha quatro anos quando a mãe faleceu. O pai e a avó cuidaram da menina, cultivando nela um amor profundo e duradouro pelo conhecimento.

Vovó Ana Echevarría foi professora por trinta anos e o pai comerciante. Com a avó, aprendeu gramática e ortografia; com o pai, aritmética e liberdade de pensamento. Ao ingressar na escola aos sete anos, Aninha estava tão adiantada que, aos onze, já era assistente da professora, sua tia Catalina Sapia.

Catalina ensinava francês para a sobrinha e aprendia aritmética com ela. Quando Ana tinha treze anos, a escola da tia fechou. Decidida, a garota abriu sua própria escola em casa. Sem um livro para ensinar geografia, escreveu *Elementos de geografía universal*, um livro que foi aprovado pelo Departamento de Educación de Puerto Rico e adotado por escolas públicas e privadas do país até o ano de 1898.

Aos dezenove anos, se casou com Luis Duprey e com ele teve cinco filhos, dos quais três sobreviveram até a idade adulta. Eles se mudaram para San Juan, onde Ana realizou conferências sobre astronomia com a ajuda de um telescópio instalado no telhado de sua casa. Suas pesquisas em astronomia foram reconhecidas e ela se tornou membro honorário da Sociedade Astronômica da França (SAF).

Com o falecimento de seu marido em 1880, ela aceitou o cargo de professora em Arecibo, uma cidade a cinquenta quilômetros de onde morava. Ana Roqué trabalhou, criou os filhos sozinha e ainda conseguiu concluir um bacharelado em ciências e filosofia.

A FLOR DO VALE

No tempo de Ana Roqué, as mulheres não tinham direito ao voto nem ocupavam cargos de liderança. Ela usou a força da palavra escrita na defesa do sufrágio e dos direitos das mulheres. Em 1898 criou *La Mujer*, a primeira revista feminina de Porto Rico, dedicando sua criatividade à luta pela igualdade de gênero. *Luz y sombra* (1903), seu romance de formação, traz personagens que encarnam os ideais feministas e questionam o papel da mulher na sociedade. Ela tratou de diferentes temas em seus escritos e sua contribuição no estudo da botânica deu a ela o epíteto de Flor del Valle.

LA MUJER

La mujer foi a primeira revista feminina escrita e editada por mulheres. Ela trazia informações sobre formação profissional e oferecia bolsas de estudo para as interessadas na docência. A publicação trouxe a oportunidade de troca de ideias entre as mulheres da ilha. A maioria dos artigos era sobre educação e sufrágio. Pela primeira vez, as mulheres falaram por elas mesmas, tiveram voz e espaço para se expressar como um grupo.

Ana Roqué tinha um talento natural para a formação de educadores e criação de escolas. Em 1899 foi nomeada diretora da Escuela Normal de San Juan. Nos anos seguintes à ocupação de 1898 pelos Estados Unidos, ela ensinou inglês para facilitar a comunicação dos alunos com as autoridades americanas. Em 1902, abriu uma escola normal, uma escola secundária para meninas, o Liceo Ponceño e o Colegio de Mayagüez, que acabou se tornando parte da Universidade de Puerto Rico, que ela também ajudou a fundar.

Em 1906 escreveu um livro bilíngue em inglês e espanhol, para popularizar o ensino de botânica. Documentou, em trinta cadernos com sua caligrafia e ilustrações, mais de 6 mil espécies de plantas e árvores de Porto Rico e do Caribe. Sua *Botánica antillana* nunca foi publicada.

BOTÂNICA DAS ANTILHAS

Foram encontrados em 2015, no Museo de Historia, Antropología y Arte da Universidad de Puerto Rico, os cadernos finais da obra de Roqué. O botânico mexicano Jorge Carlos Trejo é o responsável pelos trabalhos de digitalização, comentários e publicação do livro. Segundo ele, a *Botánica antillana* pode ser um dos mais importantes documentos históricos, literários e educativos de divulgação do conhecimento sobre plantas e árvores do início do século XX nas Américas.

DIREITO AO VOTO

Em março de 1917, o governo dos Estados Unidos sancionou a Lei Jones e impôs a cidadania americana aos porto-riquenhos. Porém, somente aos homens foi dado o direito ao voto. Inconformada, Ana Roqué se uniu a outras mulheres e criou a Liga Femínea Puertorriqueña, a primeira organização pelo sufrágio feminino no país. Em 1921, o nome mudou para Liga Social Sufragista e começou a lutar pelos direitos civis e políticos femininos, além do sufrágio universal. O direito ao voto para as mulheres alfabetizadas em 1929 foi uma importante conquista.

Em 1932, no dia da eleição, Isabel Aguilar e Ángela Negrón acompanharam Ana Roqué, que, acometida por elefantíase, precisou ser conduzida numa cadeira de rodas. Essa doença é transmitida por um mosquito infectado e causa grande inchaço nos membros – no caso de Ana, nas pernas. Seu nome não apareceu em nenhuma seção eleitoral, apesar de ter se registrado em Río Piedras. Ela não pôde votar na primeira eleição em que votaram as mulheres porto-riquenhas. Suas amigas fizeram-na assinar um documento para fazê-la crer que seria um voto válido. Emocionada, Roqué disse: "Posso morrer agora porque votei". Onze meses depois, ela faleceu. O sufrágio universal chegaria dois anos após sua morte, em 1935.

A Universidade de Puerto Rico concedeu a Ana Roqué o título de doutora *honoris causa* em 1932. Em 2020, ela foi homenageada pela National Women's History Alliance por sua luta em defesa do direito ao voto e da igualdade de gênero. Flor del Valle e seu legado continuam a florescer.

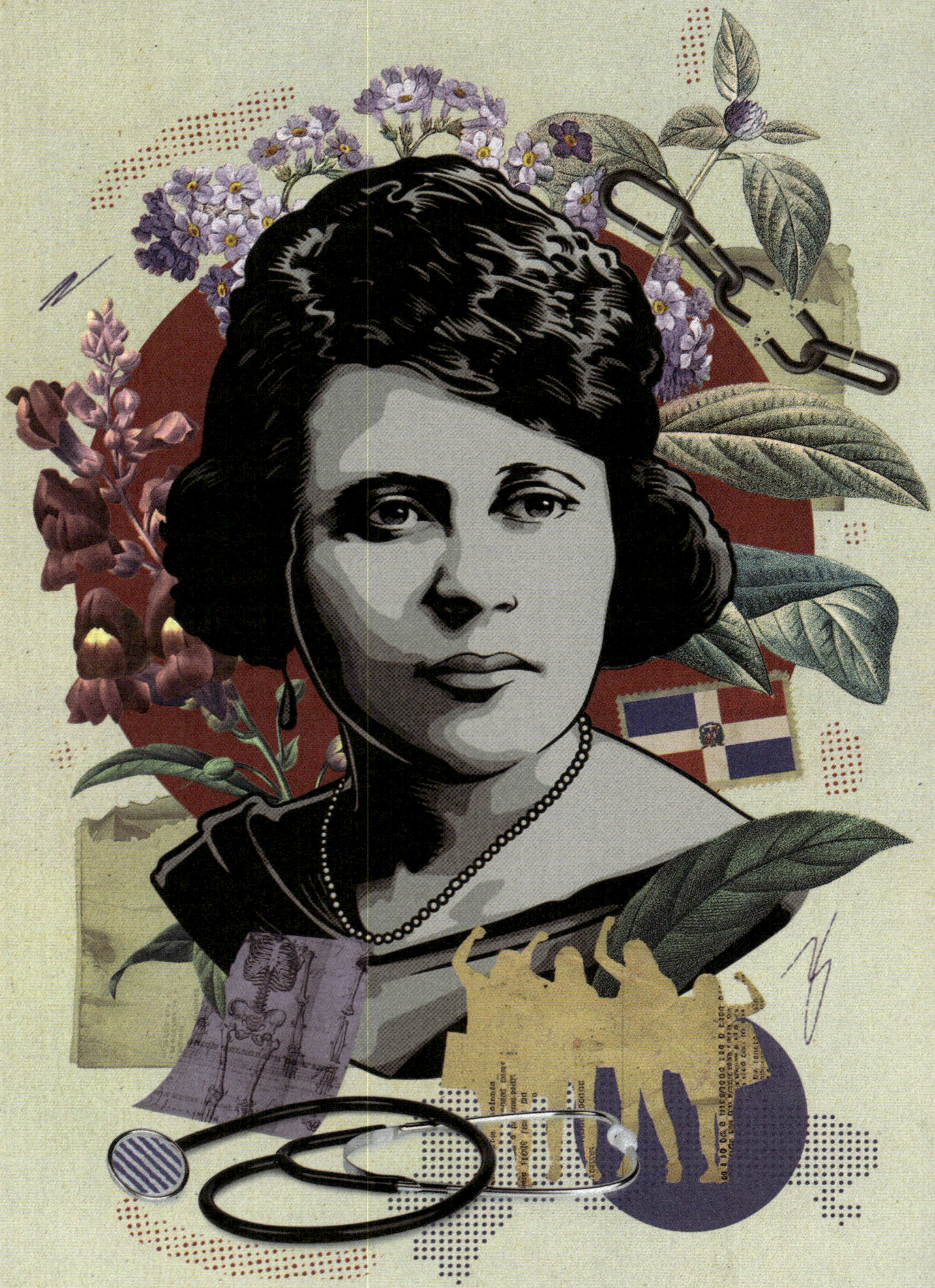

REPÚBLICA DOMINICANA

ANDREA EVANGELINA RODRÍGUEZ PEROZO

10.11.1879 [SAN RAFAEL DE YUMA]
11.1.1947 [HATO MAYOR DEL REY]

*A ternura não custa nada,
e onde ela falta, falta tudo.*

Andrea Evangelina era filha de Felipa Perozo, camponesa e analfabeta, e de Ramón Rodríguez, mascate. A mãe morreu quando Andrea tinha seis anos. Desde então, morou com a avó paterna, dona Tomasina Suero, que a apelidou de Lilina.

Vovó Tomasina fazia o *gofio*, uma farinha de grãos de trigo ou de milho torrados, e também os *conconetes*, biscoitos de coco famosos na República Dominicana. A avó assava essas delícias e a neta as vendia. Lilina estudava e trabalhava, e isso não a impediu de ser a melhor aluna da turma.

A criança brilhante tornou-se uma jovem promissora. Matriculada no Instituto de Señoritas Salomé Ureña de Henríquez, ela atraiu a atenção da diretora Anacaona Moscoso por sua inteligência e temperamento. Anacaona foi sua amiga e mentora.

A MESTRA DOMINICANA

Anacaona Moscoso Puello de Sánchez foi professora, escritora e humanista dominicana. Fundou o Instituto de Señoritas Salomé Ureña de Henríquez na rua que hoje leva seu nome. A missão do instituto era preparar professores. De lá saíram os principais mestres da República Dominicana.

Suas qualidades não a protegeram das maldades das colegas. Foi humilhada por ser negra, por trançar os cabelos e por usar sapatos baixos. Achavam Andrea excêntrica por não ir a festas e por ser amiga do poeta Rafael Deligne, que era portador de hanseníase, uma doença de pele que até hoje carrega um forte preconceito e estigma social. Ela o visitava nas horas livres e compartilhava com ele seus poemas.

Na época dos exames finais, Anacaona colocou Lilina em uma pensão perto da escola para que ela tivesse mais tempo para estudar. Em 1902, ela se formou professora depois de conseguir as melhores notas da turma.

A então professora Lilina fundou uma escola noturna para os pobres de San Pedro de Macorís, uma cidade a setenta quilômetros da capital Santo Domingo. Além disso, assumiu o cargo de docente no Instituto de Señoritas Salomé Ureña de Henríquez. Anacaona imaginava um bom futuro para Lilina. Pretendia lhe "passar o bastão", deixando-a como sua sucessora.

Contudo, Lilina tinha outras habilidades. Demonstrando vocação para a medicina, tratou e curou a hanseníase de seu amigo Rafael. Em 19 de outubro de 1903, tornou-se a primeira aluna dominicana da Escuela de Medicina de la Universidad Autónoma de Santo Domingo (UASD). Naquele tempo, diziam que somente os homens eram capazes de ser médicos e que as mulheres na saúde deveriam ser enfermeiras ou parteiras.

Em dezembro de 1911, com uma tese elogiadíssima, conquistou seu diploma de médica. Porém, o título mesmo só chegou oito anos depois, em abril de 1919, após opositores racistas e sexistas terem que se curvar às inevitáveis mudanças do tempo. Trabalhou como ginecologista, ajudando mães pobres em dificuldades.

Juntando suas economias, foi a Paris, na França, para se especializar em obstetrícia e pediatria.

TRABALHO SOCIAL

Quando voltou à República Dominicana, fundou La Gota de Leche, um banco de leite para bebês de mães pobres que também oferecia atendimento no pré e no pós-natal gratuitamente. Orientação para parteiras, cursos sobre educação sexual e prevenção de doenças eram rotina no La Gota de Leche. Isso tudo era muito mais do que moderno naquela época: era uma ousadia.

Lilina jamais deixou de se preocupar com as mulheres e as crianças: fundou o Centro de Protección Infantil y Maternidad. Defendeu que as crianças tivessem um dia só seu e exigiu que o governo servisse café da manhã e fornecesse sapatos para os alunos. Além disso, lutou pela inclusão do ensino de educação sexual no currículo escolar.

Lilina foi a primeira mulher a dar palestras sobre controle de natalidade e planejamento familiar, sendo pioneira no movimento pelos direitos femininos, que começou no país nos anos 1920. Mesmo trabalhando em comunidades carentes, continuava sendo discriminada. Foi agredida porque não tinha a proteção de um homem, por não depender de um marido para ser bem-sucedida. Lilina não se casou, mas adotou Selisette Sánchez Santiago, filha de uma paciente que morreu ao dar à luz.

Como suas ideias eram avançadas, ela iluminou as questões de raça, gênero e classe que contribuíam para as graves desigualdades sociais. Fez oposição ao ditador Rafael Leónidas Trujillo e, por criticar o governo, foi presa na Fortaleza México, em San Pedro de Macorís, onde sofreu crueldades.

Faleceu sem que a imprensa noticiasse sua morte, já que foi declarada criminosa pela ditadura. Apesar disso, uma reparação histórica já estava em curso. Em 20 de agosto de 2013, um busto em sua homenagem foi inaugurado na Facultad de Ciencias de la Salud (FCS) da UASD. A Escuela de Medicina instituiu também o prêmio Evangelina Rodríguez Perozo, que é entregue todos os anos no Dia da Mulher a uma médica de destaque na profissão. Em 12 de outubro de 2017, foi inaugurado o Hospital Municipal Dra. Evangelina Rodríguez Perozo, em San Rafael del Yuma, município onde ela nasceu, a 160 quilômetros da capital Santo Domingo.

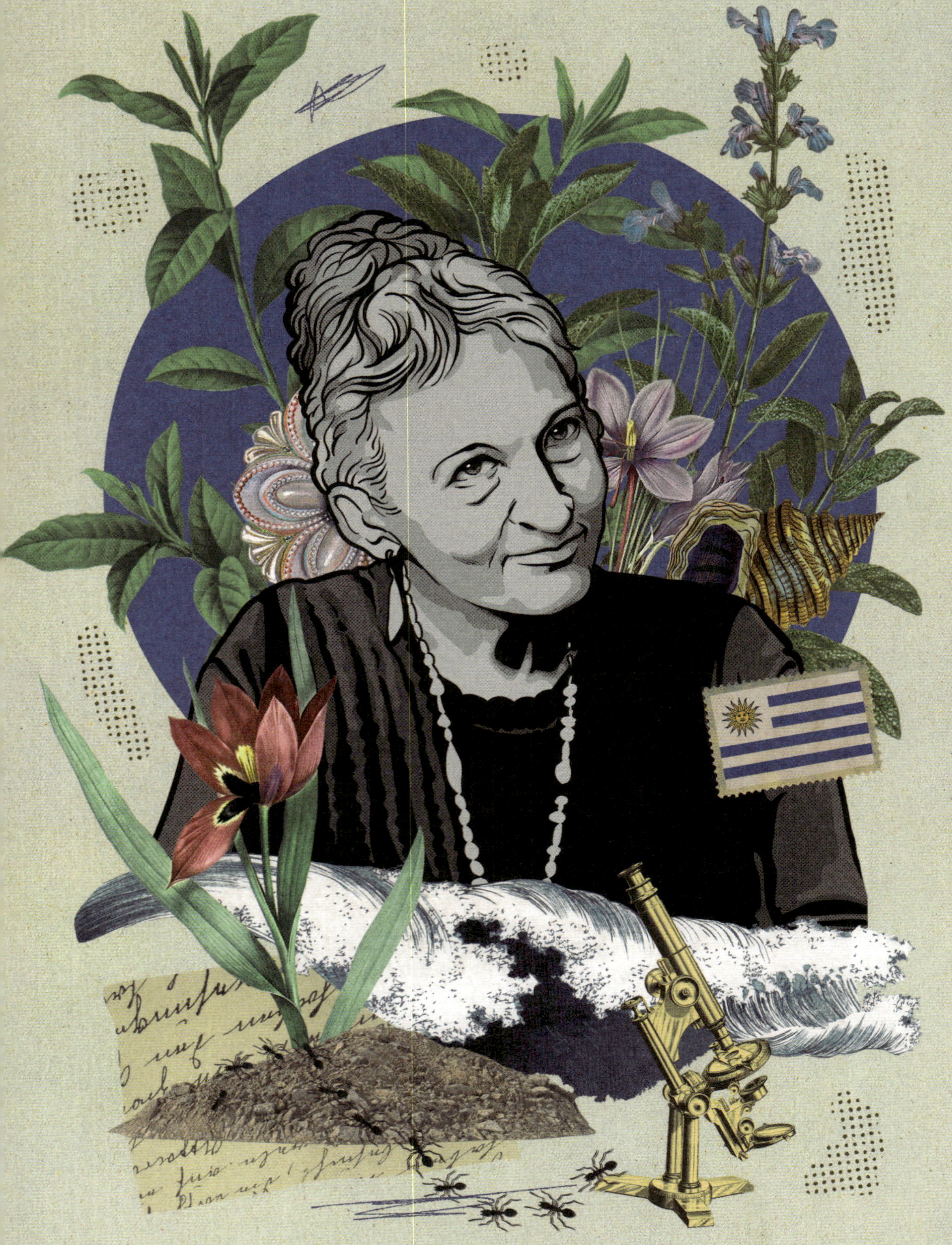

URUGUAI
LUCRECIA COVELO
12.1.1920 [LA PAZ] • 9.3.2000 [MONTEVIDÉU]

Lutem pelo que querem se têm uma vocação.

Você sabia que, sem contar a Itália, o Uruguai é o país com o maior percentual de italianos do mundo? E que o estado onde fica a cidade de La Paz se chama Canelones? Lá crescem inúmeros vinhedos plantados com mudas de uvas vindas diretamente da Itália, depois da chegada dos primeiros imigrantes italianos.

Bem, então não precisamos estranhar que uma pessoa com o nome italianíssimo de Lucrecia Josefina Dora Covelo Massini de Zolessi tenha nascido em um estado com nome de macarrão que não fica na Itália.

Lucrecia adorava formigas. Ficava hipnotizada por horas observando o vaivém desses insetos em seus montinhos de terra. Quando uma chuva se aproximava, ela se apressava para cobrir os formigueiros com uma lata ou um papelão para que não se molhassem.

Gostava de pegar com as mãos tudo o que encontrava. Mas o que mais segurava, num leva e traz parecido com o das formigas, eram livros sobre história natural. Como se encantava com os desenhos! Tinha atração especial pelas formigas-cortadeiras e se deixou carregar por elas vida afora.

Os livros eram de seu Sócrates, pai de Lucrecia, militar de profissão, mas naturalista por paixão. Ele gostava de observar as aves e de estudar o comportamento delas. Viajava frequentemente para o Paraguai, onde era amigo de indígenas, e aprendia sobre a fauna do lugar.

Em 1947, as mulheres ainda tinham muito a conquistar no Uruguai. Apenas cinco ou seis fizeram parte da primeira geração de biólogas do país, se formando na Facultad de Humanidades y Ciencias de Montevideo da Universidade de La Republica. Lucrecia estava entre elas.

No laboratório de entomologia da faculdade, estudou e pesquisou com afinco. Não se dedicou apenas à entomologia, que é a ciência dos insetos, mas a muitos outros assuntos, entre eles botânica, zoologia e geografia.

ENTOMOLOGIA

A palavra entomologia tem origem grega e significa "estudo dos insetos". O entomologista, ou entomólogo, é o cientista da biologia que se debruça sobre esses seres para estudar seu comportamento e organismo, além de sua interação com o meio ambiente, inclusive com os humanos. Quem segue a carreira de entomólogo pode escolher entre alguns campos de atuação profissional, como entomologia agrícola, forense ou médica. A primeira tem ligação direta com insetos e plantações; a segunda se relaciona a investigações criminais; e a terceira está ligada à saúde humana e à transmissão de doenças por insetos.

CONSTRUINDO FORMIGUEIROS

Lucrecia visitou o Brasil muitas vezes. Numa das viagens, conheceu o trabalho de um colega biólogo brasileiro chamado Mário Paulo Autuori, especialista em formigas. Foi dele a ideia de montar um formigueiro artificial de vidro no Zoológico de São Paulo. Quando voltou para o Uruguai, ela construiu formigueiros artificiais para a espécie de formiga que estudava, as pequenas *Acromyrmex ssp*.

Sobrava curiosidade na cientista para aprender sobre os escorpiões, as aranhas e outros animais. Estudou em detalhes uma espécie de escorpião chamada *Bothriurus bonariensis*, o que a levou a participar como supervisora científica de um curta-metragem inédito sobre a reprodução dessa espécie no Instituto de Cinematografía de la Universidad de la República (Icur).

Depois de formada, estudou na Universidade Sorbonne, em Paris, até se tornar doutora. Queria acumular todos os conhecimentos que conseguisse para levá-los ao Uruguai. E foi o que fez.

Um tempo depois de retornar a seu país, saiu a campo, viajando por todo o Uruguai coletando insetos com outros biólogos. Trabalhavam o dia todo e dormiam no lugar em que estivessem quando a noite caía. Ao retornar à faculdade, reuniu o material da pesquisa em um catálogo primoroso e ampliou a coleção de insetos junto com outras duas biólogas.

Havia temporadas em que as formigas viravam um problema sério para a agricultura. Era quando picotavam as plantações para levá-las, aos pedacinhos, para dentro dos formigueiros. A especialidade de Lucrecia colaborava com o reequilíbrio do meio ambiente nessas situações.

Além de pesquisadora e professora na faculdade, ocupou outros cargos, como no Museo Nacional de Historia Natural e no Centro Educativo de Ciencias Naturales para Profesores, ambos em Montevidéu. Por muitos anos, foi a diretora de seu departamento.

Ela sempre quis estudar porque, além de amar o que fazia, era também uma professora preocupada em apresentar conteúdos estimulantes para as aulas que preparava para os alunos.

Como no trabalho de uma formiguinha, Lucrecia construiu sua carreira aos poucos e chegou aonde queria.

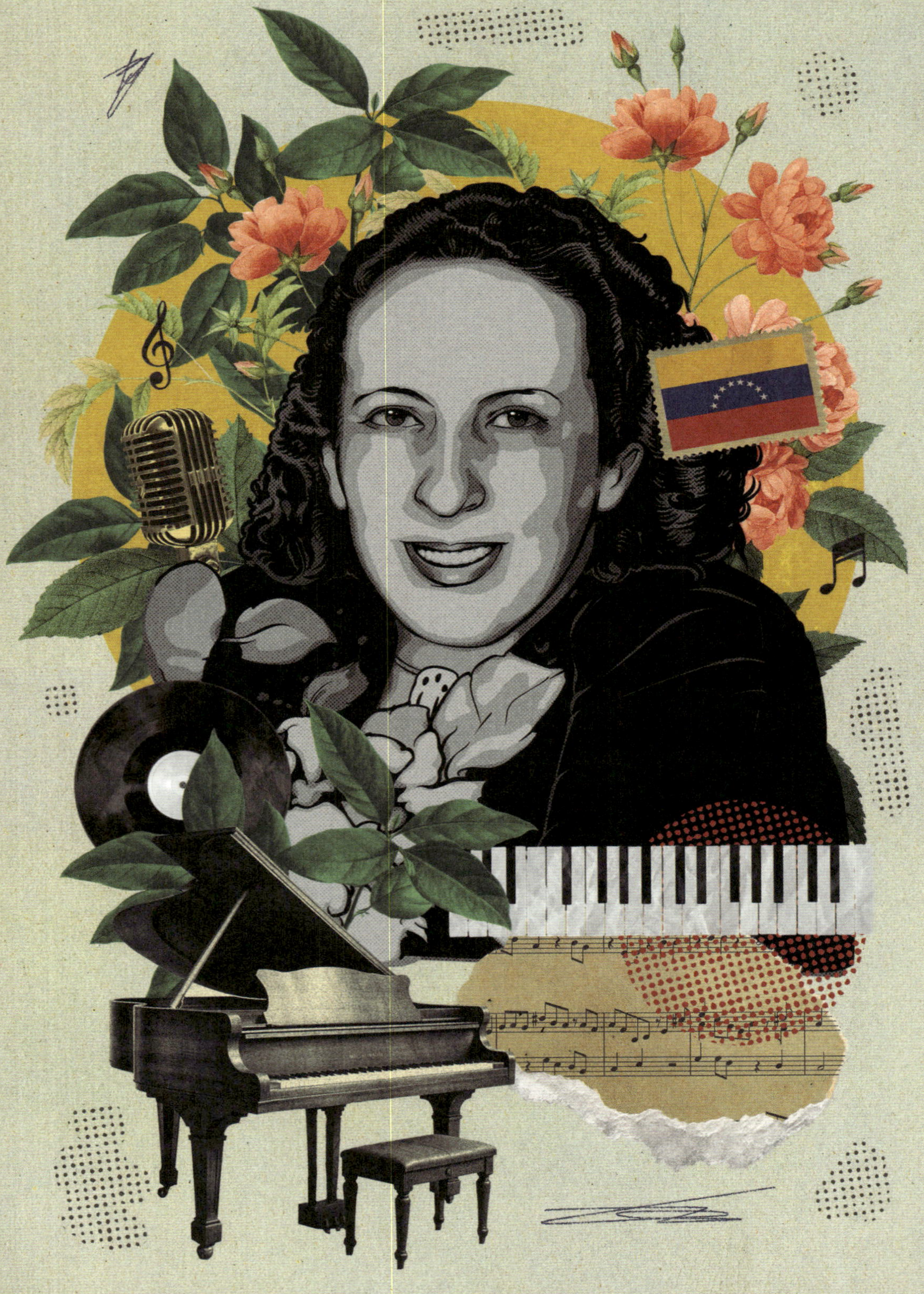

VENEZUELA

MARÍA LUISA GONZÁLEZ GRAGIRENA DE ESCOBAR

5.12.1896 [VALÊNCIA] • 14.5.1985 [CARACAS]

*Nunca partirei da tua vida,
nem tu do meu coração.*

María Luisa nasceu na Venezuela, numa cidade perto do mar do Caribe chamada Valência.

Com apenas cinco anos, começou a estudar piano e, cerca de um ano depois, criou sua primeira composição musical. Henrique e María trataram de planejar o futuro da filha. Talvez por ser uma das cantoras do coro da cidade, a mãe desejasse ver María Luisa brilhar como uma estrela.

Quando a menina fez oito anos, Valência ficou para trás. À frente, estavam a ilha de Curaçao e uma nova escola. Para receber educação em tempo integral, María morou no Instituto Welgelegen Habay. Seus estudos de música e composição continuaram e, além do piano, aprendeu a tocar violino. Ao voltar para casa, já era uma senhorita culta, de temperamento decidido e impetuoso. Era tão capaz que aprendeu inglês e francês, além de todas as coisas consideradas importantes na educação de meninas daquele tempo, como trabalhos manuais e pintura.

Assim, não demorou quase nada para que trocasse "*buenos días*" e "*gracias*" por "*bonjour*" e "*merci*". Com catorze anos, cruzou o Atlântico num navio com destino à França. María estudou no Conservatoire de Paris durante dois anos; seus professores eram os nomes mais importantes da cena musical da época. Foi lá que desenvolveu mais um dom: o canto lírico.

Com dezesseis anos, estava de volta à Venezuela e mergulhou em seu mundo: compôs várias peças de teatro musical, fez muitos amigos, amou

TRABALHOS MANUAIS

O conteúdo das escolas primárias para as meninas previa o ensino de trabalhos manuais. Esse modelo foi importado da Europa no final do século XIX e começo do século XX. Os pedagogos consideravam que essa prática colaborava para a criação de apreço pelo trabalho, contribuía com o treinamento da visão, o aumento da habilidade das mãos e com o desenvolvimento da estética e do senso artístico. Entretanto, na Venezuela, assim como em outros países da América Latina, o objetivo ficou reduzido a educar as meninas para a vida futura como esposas e mães de família, ou seja, para a execução de tarefas domésticas. Isso acabou contribuindo para a manutenção de padrões conservadores sobre o papel da mulher na sociedade, mantendo-as longe dos espaços de formação intelectual. Prova disso é que, naquela época, não havia opção de estudo para as mulheres além do ensino básico.

a arte, a literatura e a cultura. Casou-se aos dezoito anos e se tornou mãe de três filhos nos anos seguintes. Mas, se María Luisa tinha uma personalidade forte, a do marido não ficava atrás. Contam que foi por isso que, um dia, o casamento terminou.

Porém, um novo amor a encontrou, e Maria se casou novamente, tendo mais um filho. A vida com seu novo parceiro foi bem diferente. José Antonio Escobar Saluzzo também era artista e, junto com alguns amigos músicos, criou o Quinteto Ávila. Enquanto ele tocava violino e compunha, María Luisa fazia os arranjos e cantava como nunca.

ALMA MUSICAL

Quando se trata de música de orquestra para piano na Venezuela, María Luisa é pioneiríssima. Sua peça lírica *Orquídeas azules* ganhou letra de uma amiga muito especial, a poeta Lucila Palacios, até hoje uma das escritoras mais importantes da Venezuela.

María também encontrou inspiração na história de seu país: em uma obra sinfônica contou a saga do cacique Guaicaipuro, que liderou povos de diferentes etnias indígenas em lutas contra os invasores espanhóis no século XVI. Investigou o folclore venezuelano para compor o balé *La princesa girasol* e as obras *Murachi* e *Upata*, entre outras.

Certa vez, foi publicado em um jornal: "Senhora muito culta [...]. A música é sua especialidade. Executa todos os instrumentos. Ela canta admiravelmente [...] também é escritora, um de seus pseudônimos é Dona Sol".

Naquele tempo, os artistas ricos se encontravam em suas casas para cantar e tocar, conversar sobre cultura, costumes e política, ler textos e declamar poesias. María Luisa gostava daquilo, mas achava muito restrito, queria que mais gente tivesse essa oportunidade.

Pensando nisso, criou um espaço no qual pessoas de todas as classes sociais pudessem conhecer a arte, a cultura e a ciência. Em 1931, fundou o Ateneo de Caracas, que permanece em funcionamento até hoje. María foi a primeira presidente do local e uma corajosa promotora cultural. Desde então, tornou-se obrigatório que a direção do espaço fosse ocupada por mulheres. Sua valentia era inspiradora porque naquela época a Venezuela era governada pelo ditador militar Juan Vicente Gómez.

LUCILA PALACIOS

Foi uma das mais proeminentes escritoras da Venezuela, com romances, contos e poemas. Lucila fez carreira política como deputada, senadora e embaixadora. Combinando sensibilidade e ativismo, defendeu com energia os direitos das mulheres e das crianças. Teve uma vida plena de reconhecimentos e premiações literárias. Contam que, quando faleceu aos 92 anos, um papel estava colocado em sua máquina de escrever, pronto para receber mais uma criação.

NO TEMPO DO BOLERO

Nos anos 1940, o rádio era o grande veículo de comunicação do mundo. O bolero, ritmo musical que aparecera em Cuba anos antes, se espalhou por toda a América Latina. Os boleros de María Luisa, ou melhor, de

Maritza Graxirena, seu novo nome artístico, eram chamados de "joias musicais". Ela gravou várias canções de sua autoria: *Alondras* [Cotovias], *Mar adentro, Tu maldad, Ángel de mis sueños* [Anjo dos meus sonhos], uma mais sentimental do que a outra. Foi Maritza que levou o nome de Alfredo Sadel, o "grande tenor da América", para toda a América Latina e para os Estados Unidos quando ele interpretou *Desesperanza*, o bolero mais famoso que ela escreveu em 1949.

Além de gravar filmes e discos, se apresentar em teatros, centros culturais e programas de rádio e integrar grupos musicais, María também defendeu os direitos civis e individuais das mulheres. Viajou para outros países para conhecer leis que amparavam os artistas e fez com que, pela primeira vez na Venezuela, autores e compositores fossem remunerados por suas obras.

Muita gente viu María Luisa brilhar, como sua mãe sonhou. Vozes do presente ainda tocam e cantam as canções da mulher mais fabulosa da cultura venezuelana.

REFERÊNCIAS

1940: LA GAUCHA Carola. *El Gráfico*, San Salvador, 4 fev. 2020. Disponível em: https://www.elgrafico.com.ar/articulo/%C2%A1habla-memoria!/35316/1940-la-gaucha-carola. Acesso em: 6 nov. 2024.

ABATA CRUCES, Jennifer. *Elena Caffarena*: uma mujer pública: antología. Santiago de Chile: Editorial Universitaria, 2022. E-book.

AYALÁ, Alejandro. *¡Con las faldas bien puestas!*: La novela de Prudencia Ayala. San Salvador: Celdas, 2019.

AYALA, Prudencia. Editorial. *Redención Femenina*, San Salvador, jun. 1930.

BERCIÁN, Adelma. Margarita Azurdia: el arte es un camino hacia la tomada de conciencia necesaria para respetar la vida. *Siglo Veintiuno*, Ciudad de Guatemala, [19--?]. Disponível em: https://mazurdia.org/archivo.html. Acesso em: 6 nov. 2024.

CHUNGARA, Domitila B. de; VIEZZER, Moema. *Let me speak!*: testimony of Domitila, a woman of the Bolivian mines. New York: Monthly Review Press, 1978.

CUADERNOS de igualdad de oportunidades: 1. Mujeres argentinas. Buenos Aires: UPCN, [201-?]. Disponível em: https://www.upcndigital.org/~archivos/pdf/bibliotecavirtual/cdn/igualdad/mujeresarg.pdf. Acesso em: 6 nov. 2024.

DESESPERANZA. Intérprete: María Luisa Escobar. *In*: MI CANCIÓN. Compositor: Alfredo Sadel. Ciudad de México: RCA Camdem, 1955.

FELDMAN, Heidi. Celebrating the Life & Legacy of Victoria Santa Cruz. *Carnegie Mellon University News*, Pittsburgh, 25 fev. 2022. Disponível em: https://drama.cmu.edu/news/victoria-santa-cruz/. Acesso em: 6 nov. 2024.

FONTES, Luiz Roberto. *Lucrecia Covelo de Zolessi*. [S. l.: s. n.], 1996. 1 vídeo (28 min). Disponível em: https://archive.org/details/LucreciaCoveloDeZolessi1999. Acesso em: 6 nov. 2024.

GEIGEL, Ana. *Elementos de geografía universal para la enseñanza primaria, elemental y superior*. Humacao: Imprenta de Otero, 1888.

GEIGEL, Ana. *Luz y sombra*. Ponce: Tip. de Quintín Negrón Sanjurjo, 1903.

GONZALEZ, Lélia. *Por um feminismo afro-latino-americano*: ensaios, intervenções e diálogos. São Paulo: Zahar, 2020. E-book.

HAITI: Ladies' Day. *Time*, New York, 27 mar. 1950. Disponível em: https://time.com/archive/6607643/haiti-ladies-day/. Acesso em: 6 nov. 2024.

LA MATAMOROS. Direção: Delfina Vida. [S. l.: s. n.], 2017.

LA NOCHE se Mueve, con Camilo Egaña. [S. l.: s. n.], 1994. Publicado pelo canal JVB. 1 vídeo (27 min). Disponível em: https://www.youtube.com/watch?v=JR7XqZNhcy8&t=1290s. Acesso em: 6 nov. 2024.

LEIS R., Raúl. Marta Matamoros, voz y compromiso. *Panamá América*, Ciudad de Panamá, 4 jan. 2006. Disponível em: https://www.panamaamerica.com.pa/opinion/marta-matamoros-voz-y-compromiso-215890. Acesso em: 6 nov. 2024.

LÓPEZ, Alberto. Dolores Cacuango, la rebelde líder indígena ecuatoriana que luchó por la educación y la tierra. *El País*, Madrid, 26 out. 2020. Disponível em: https://elpais.com/sociedad/2020-10-26/dolores-cacuango-la-rebelde-lider-indigena-ecuatoriana-que-lucho-por-la-educacion-y-la-tierra.html. Acesso em: 6 nov. 2024.

LYRA, Carmen. *Cuentos de mi tía Panchita*. San José: Legado, 2012.

MARÍA Isabel Carvajal (Carmen Lyra): benemérita de la patria, es una auténtica antiprincesa costarricense. *CEP Alforja*, San José, c2015. Disponível em: https://cepalforja.org/index.php/news/148-maria-isabel-carvajal-carmen-lyra-benemerita-de-la-patria-es-una-autentica-antiprincesa-costarricense. Acesso em: 6 nov. 2024.

MATILDE Montoya Lafragua: primera médica mexicana. CNDH, Ciudad de México, c2018-2024. Disponível em: https://www.cndh.org.mx/noticia/matilde-montoya-lafragua-primera-medica-mexicana. Acesso em: 6 nov. 2024.

MURRIAGUI, Alfonso. Dolores Cacuango, pionera en la lucha por los derechos indígenas. *Voltairenet*, Quito, 25 mar. 2010. Disponível em: https://www.voltairenet.org/article164676.html. Acesso em: 6 nov. 2024.

NÚÑEZ FIDALGO, María Virtudes. La escritura visionaria de Evangelina Rodríguez Perozo. *In*: ROMANO MARTÍN, Yolanda; VELÁZQUEZ GARCÍA, Sara (coord.). *Las inéditas*: voces femeninas más allá del silencio. Salamanca: Ediciones Universidad de Salamanca, 2018. p. 567-579.

PALACIOS, Mariantonia. *María Luisa Escobar*: un nombre escrito em nuestra historia. Caracas: Sociedad de Autores y Compositores de Venezuela, 2008.

PÉREZ, Flor de Liz. Ana Roque de Duprey (1853-1933). *Issu*, [s. l.], 3 jan. 2015. Disponível em: https://issuu.com/flordelizperez/docs/analisis_critico_personaje_destacad. Acesso em: 6 nov. 2024.

QUIOTO, Josefina A. Vida y obra de Teresita Fortín: mujeres y artes visuales en Honduras. *Ístmica*, Heredia, n. 7, 2002.

RAMOS, Majo. Un recorrido por la vida y obra de Carmen Soler, la poeta de combate de la clase trabajadora. *Adelante Noticias*, Asunción, c2024. Disponível em: https://adelantenoticias.com/2024/08/04/carmen-soler--la-poeta-de-combate-de-la-clase-trabajadora/. Acesso em: 6 nov. 2024.

RATTS, Alex; RIOS, Flavia. *Lélia Gonzalez*: retratos do Brasil negro. São Paulo: Selo Negro, 2010. E-book.

REYES, B., Nelva. Por qué la Orden Marta Matamoros. *La Estrella de Panamá*, Ciudad de Panamá, 22 fev. 2022. Disponível em: https://www.laestrella.com.pa/opinion/columnistas/orden=-marta-matamoros-ALL465342E#:~:text-Es%20necesario%20mantener%20presente%20el,nuevas%20conquistas%20hay%20que%20organizarse%E2%80%9D. Acesso em: 6 nov. 2024.

ROBLEDO, Beatriz Helena. *María Cano, la virgen roja*. Bogotá: Penguin Random House, 2017. E-book.

ROQUÉ DE DUPREY, Ana. A mis compatriotas. *Issu*, [s. l.], c2024. Disponível em: https://issuu.com/michym/docs/hg_a_final-finalout/s/11073261. Acesso em: 6 nov. 2024.

SIU, Ana. Ya no tengas miedo, Mamarrú. *Niú*, [s. l.], 27 ago. 2018. Disponível em: https://niu.com.ni/ya-no-tengas-miedo-mamarru/. Acesso em: 6 nov. 2024.

SYLVAIN-BOUCHEREAU, Madeleine. *Haïti et ses femmes*: une étude d'évolution culturelle. Port-au-Prince: Les Éditions Fardin, 1957.

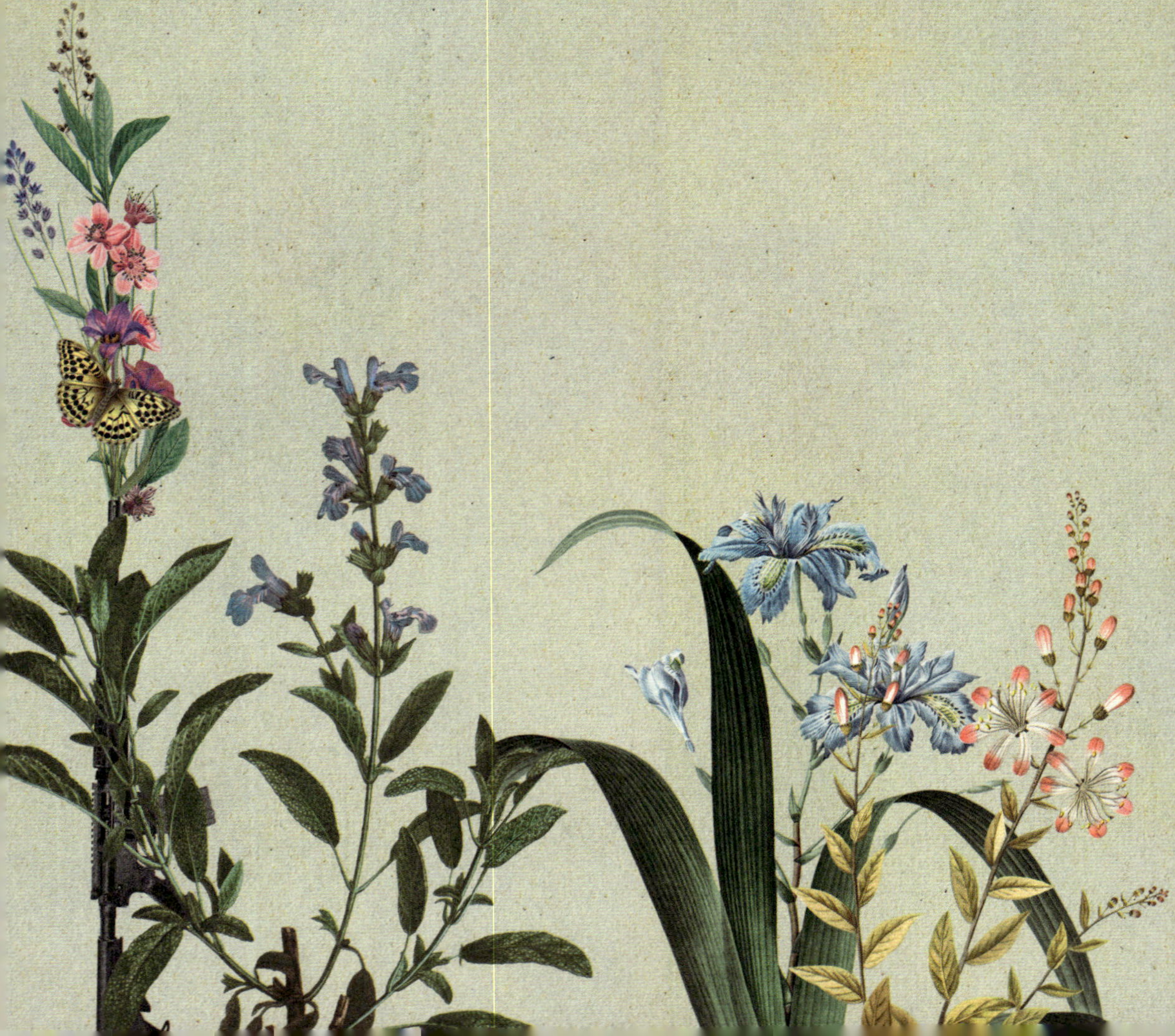